RICHARD MAN

GENIALE DRINKS

ALKOHOLFREI

RICHARD MAN

GENIALE DRINKS ALKOHOLFREI

Wein, Bier, Tonics, Kombucha und Säfte mit vollem Geschmack und null Promille

Übersetzt aus dem Schwedischen von Ricarda Essrich

riva

INHALT

VORWORT

Ich arbeite mit Spirituosen, seit ich 15 bin. Oder 18, falls Sie Bürokrat sind. Ich wuchs in einem Kneipenmilieu auf, das in der schwedischen Esskultur und im Herzen des schwedischen Volkes fest verankert ist. Vier kleine Gerichte, süßsaure Sauce, frittierte Banane mit Eis – Sie wissen schon. Meine Eltern kamen aus Hongkong nach Schweden, um hier in den Sechziger- und Siebzigerjahren ihr Glück zu finden. Das Glücksrezept waren ein Chinarestaurant und eine Bar mit Bühne in einer Arbeiterstadt in Dalarna. In dieser Bar lernte ich alle Schnulzensongs der Neunzigerjahre kennen und wie man Grog zubereitet. Der Grog brachte mir Jobs als Barkeeper in Stockholm, London, New York, Neunzigerjahre der ganzen Welt ein. Auf meinen Reisen wurden aus dem Grog dann Cocktails, und ich entwickelte mich von einem Jungen aus Dalarna zu einem Nerd. Ein Nerd in Sachen Essen und Trinken. So besessen, dass ich ein Examen als Diplomingenieur für Chemietechnik von der Königlichen Technischen Hochschule in Stockholm mein Eigen nenne. Nicht, weil ich beabsichtige, mich irgendwie mit Nanotechnologie zu beschäftigen, sondern weil Essen und Trinken in ihrer reinsten Form Chemie sind. Über die Jahre habe ich Berufsbezeichnungen und Titel wie Barbesitzer, Sommelier, Botschafter für Spirituosenmarken und Branchenoptimierer der Barbranche des Jahres 2016 gesammelt.

Ich liebe meine Branche, aber der Alkohol an sich ist mir nie wichtig gewesen. Das Erlebnis, das ich den Gästen verschaffen und servieren kann – das ist es, was mich lockt. Das ist es, was ich immer weiterentwickeln wollte. Einige meiner besten Erfahrungen und Speisen und Getränke kamen ohne Alkohol aus. Das liegt sicher daran, dass sie in Kulturen stattfanden, in denen Alkohol nicht den gleichen Stellenwert hat wie in Schweden. In meiner Heimat verknüpfen wir doch gerne besondere Stunden, Feiertage und andere Annehmlichkeiten mit Alkohol. Egal, ob wir zu einem Essen bei uns zu Hause einladen oder ob wir ausgehen.

Ich selbst beschäftigte mich zum ersten Mal richtig mit alkoholfreien Getränken in Kombination mit Essen, als meine Frau und ich unser erstes Kind erwarteten. Wir aßen häufig auswärts in Restaurants, und die Lokale, die wir aufsuchten, hatten sowohl im Hinblick auf Speisen und Getränke als auch in Bezug auf den Service große Ambitionen. Doch leider offenbarte sich schnell, wie beeinträchtigt das Erlebnis sein kann, wenn weder die Serviceambitionen noch die sorgfältig ausgewählten Getränkeempfehlungen den alkoholfreien Gast einschließen. In der Hoffnung, eine Verbesserung in der Branche zu erreichen, begab ich mich auf die Suche nach Geschmack und Süffigkeit in nicht alkoholischen Zutaten. Gleichzeitig durfte ich für die Barausstattung des Fotografischen Museums mit Fokus auf alkoholfreie Getränke und nachhaltigen Konsum beratend tätig werden. Und das weckte natürlich wieder den Nerd in mir.

Ich habe also in den letzten Jahren viel Mühe darauf verwendet, alkoholfreie Getränke mit Essen zu kombinieren. So viel, dass ich jetzt das Gefühl habe, zu diesem Thema etwas zu sagen zu haben. Etwas beitragen zu können. Ein Getränk muss gut schmecken, egal ob mit oder ohne Alkohol. Getränke, die zum Essen serviert werden, müssen dazu passen, egal ob mit oder ohne Alkohol. Und Ihre Gäste sollen einen fantastischen Abend erleben, egal ob mit oder ohne Alkohol.

keller
AMERICAN STYLE WHEAT ALE
THE SUN

GETRÄNKE UND ESSEN

LEICHTE, FRISCHE KÜCHE

KOMPLEXE GERICHTE

WÜRZIGE, AROMATISCHE GERICHTE

Wenn Sie wissen, was Sie kochen möchten, können Sie hier nach passenden Getränken dazu suchen. Nähere Erklärungen zu den einzelnen Gerichtekategorien finden Sie auf den Seiten 20 bis 22.

GEGRILLTES

FETTES ESSEN

DESSERTS

KÄSE

SPEISEN UND GETRÄNKE IN KOMBINATION

Eine gelungene Kombination von Essen und Trinken ist immer und überall möglich. Vielleicht wird der Chia-Pudding mit dem neuen Frühstückssaft vom Kiosk um die Ecke endlich richtig lecker. Und wegen der neuen Kaffeemaschine bei der Arbeit sind Kaffee und Gebäck am Nachmittag mehr als nur eine lebenserhaltende Maßnahme. Oder Sie sind zum Nobelpreis-Galadinner eingeladen und dürfen erleben, was möglich ist, wenn viele Stunden auf die Planung von geeigneten Kombinationen verwendet werden. Wir alle wissen aber auch, was nicht gut funktioniert. Sie brauchen keine Ausbildung als Sommelier, um zu erahnen, dass Zahnpasta und Orangensaft sich nicht gut vertragen. Wer sich für Essen und Getränke interessiert, der wird schnell merken, wenn ihm am Frühstückstisch oder in der Teeküche in der Firma eine gelungene Kombination begegnet. Um Sie dabei zu unterstützen herauszufinden, warum gerade diese Zusammenstellung so gut geschmeckt hat, habe ich einige Tipps und Ratschläge zusammengestellt. Ob Sie das nun Philosophie, Theorie oder Regeln nennen möchten – lernen Sie daraus, aber nehmen Sie das Ganze niemals so ernst, dass Sie den Spaß an der Sache verlieren.

WELCHE FUNKTION GETRÄNKE ZUM ESSEN HABEN

Ein Getränk, das das Essen begleitet, kann verschiedene Funktionen erfüllen. Sie trinken, weil Sie Durst haben, weil Sie Lust auf ein bestimmtes Getränk haben, oder vielleicht sogar, weil Sie das Essen herunterspülen müssen. Möglicherweise gehören Sie aber zu denjenigen, die von einem Getränk mehr erwarten. Haben Sie ein richtig gutes Abendessen zubereitet, möchten Sie gerne auch etwas Leckeres zu trinken servieren. Das Getränk zur Mahlzeit muss für sich allein gut schmecken, aber auch zum Essen passen, das Sie zubereitet haben. In diesem Buch geht es genau um diese Getränke – diejenigen, die zusammen mit dem Essen, das Sie zu sich nehmen, einen gelungenen Gesamtgeschmack ergeben.

Eine geglückte Kombination aus Essen und Trinken kann entweder das Essens- oder das Trinkerlebnis verbessern. Idealerweise werten Speisen und Getränke sich aber gegenseitig auf und tragen beide zu einem Gesamterlebnis bei. Auch Atmosphäre und Umfeld profitieren davon. Sie empfinden das Getränk als angenehm säuerlich und erfrischend, das Essen auf dem Teller passt perfekt dazu, schon fühlt sich der Sommerabend ein paar Grad wärmer an und Ihr Date ist noch hübscher. Wenn Sie so eine Stimmung einmal erlebt haben, sind Sie vielleicht davon ausgegangen, dass der Alkohol im Getränk dafür verantwortlich war, dass sich plötzlich alles noch ein bisschen besser und schöner angefühlt hat. Und womöglich war das auch der Fall. Ich möchte jedoch zeigen, dass man genau diesen Effekt erreichen kann, ohne dass der Alkohol seine Finger im Spiel hat.

Zum bereits erwähnten Umfeld sollte ich noch etwas ergänzen. Ein Teil der Funktionen von Getränken zu Mahlzeiten sind rein sozialer Natur. Stellen Sie sich vor, Sie laden zum Abendessen ein. Sie gehen einkaufen und erklären dem Personal in der Weinabteilung, was Sie kochen möchten, um eine Weinempfehlung zu bekommen. Die Angestellte erzählt etwas von Trauben und Fülle, Sie prägen sich alles ein und wiederholen es später, wenn Sie bei Tisch die Flasche öffnen. Sie schnuppern am Wein, schmecken, schmecken noch mal zusammen mit dem Essen, und dann muss das Ganze kommentiert werden. Die gesamte Prozedur wiederholt sich bei Vorspeise, Hauptgericht, Nachtisch und vielleicht sogar beim Kaffee – Sie verstehen sicher, was ich meine. Stellen Sie sich vor, jemand in der Runde trinkt keinen Alkohol und kann sich daher auch nicht am Schnuppern und Schmecken und an den Kommentaren beteiligen, bleibt also außen vor. Ich selbst habe schon erlebt, wie das alkoholhaltige Getränk – und damit auch die Person, die es trinkt – dem alkoholfreien vorgezogen wird. Diese falsche Priorisierung führt dazu, dass derjenige, der sich für ein Getränk ohne Alkohol entscheidet, riskiert, ein nicht ganz so herausragendes Gesamterlebnis zu haben wie derjenige, der Alkohol trinkt. Es liegt also nicht am Getränk an sich, sondern möglicherweise mehr an all dem, was es umgibt oder vielleicht nicht umgibt – die Überlegungen bei der Auswahl des Getränks, das Interesse für seinen Geschmack und dafür, wie gut es zum Essen passt, und nicht zuletzt, wie es serviert wird. Wer sich für Essen und Trinken interessiert, für den geschieht all das bei alkoholhaltigen Getränken oft selbstverständlich, entfällt aber meist bei alkoholfreien. Ich hoffe, dass dieses Buch dazu beitragen kann, das Ansehen der alkoholfreien Drinks als Getränk zum Essen zu verbessern und alle, die alkoholfrei trinken, in den sozialen Zusammenhang am Esstisch zu integrieren.

ALKOHOLHALTIG VERSUS ALKOHOLFREI

Alkoholfreie Getränke in allen Ehren, aber es wäre eine Lüge zu behaupten, dass der Alkoholgehalt keine Rolle spielt. Es ist keinesfalls so, dass der Alkohol das Getränk schmackhafter macht oder es besser zum Essen passen lässt. Aber er erfüllt bestimmte Funktionen, die man kennen sollte (neben der Rauschwirkung). In alkoholischen Getränken helfen die Alkoholdämpfe, die Aromen zur Nase zu transportieren. Dadurch können wir die subtilen Düfte und Noten des Getränks leichter wahrnehmen. Praktisch bedeutet dies zum Beispiel, dass man in alkoholhaltigen Weinen die Fruchtsüße sowohl im Duft als auch im Geschmack erleben kann, ohne dass der Wein als solcher süß wäre. Ein Saft dagegen wird weder nach Frucht- noch nach einer anderen Süße riechen oder schmecken, ohne tatsächlich auch süß zu sein. Diese subtilen Düfte und Geschmacksnoten der Getränke mit Alkohol tragen zu deren Komplexität bei. Die Geschmacksnoten kommen in Intervallen und verweilen länger im Mund. Das Getränk wird spannend, süffig und es macht Spaß, es zu analysieren.

ACHTUNG!

In einigen Rezepten in diesem Buch setze ich Angostura Bitter ein. Es handelt sich um eine alkoholhaltige (44,7 %) Kräutermischung aus Trinidad mit Aromen aus Kakao, Kardamom, Pomeranze und getrockneten Kräutern. Die im Rezept verwendeten kleinen Mengen führen dazu, dass der Alkoholgehalt des fertigen Getränks bei weniger als 0,1 Prozent liegt, damit gilt das Getränk immer noch als alkoholfrei. Wenn Sie ein Getränk ganz ohne Alkohol haben möchten, lassen Sie den Angostura einfach weg.

Der Alkohol beeinflusst außerdem die Textur und Fülle eines Getränks. Je höher der Alkoholgehalt, desto fülliger und cremiger die Textur. Aufgrund dieses Phänomens passen Getränke mit viel Alkohol so gut zu fetthaltigen, sämigen Gerichten. Nehmen Sie zum Beispiel das Schnäpschen zum üppigen Weihnachtsschmaus. Der Alkohol wärmt nicht nur den Körper, sondern führt auch zu einem warmen Gefühl im Mund, was besonders bei würzigem Essen wichtig ist. Scharf gewürzte Gerichte schmecken mit einem hochprozentigen Getränk noch schärfer.

In diesem Zusammenhang möchte ich klarstellen, dass es mir nicht darum geht, mit alkoholfreien Getränken alkoholhaltige zu imitieren. Zum einen, weil das meist ohnehin nicht besonders gut funktioniert, zum anderen aber vor allem, weil es den alkoholfreien Getränken nicht gerecht wird. Verschiedene Getränkekategorien haben verschiedene Eigenschaften, und es ist viel schöner und führt zu besseren Ergebnissen, mit diesen Eigenschaften zu arbeiten, als zu versuchen, aus den Getränken etwas zu machen, das sie nicht sind. Abgesehen davon kann man sich zu einer bestimmten Gelegenheit natürlich trotzdem ein Getränk mit bestimmten Eigenschaften wünschen, auch wenn man auf Alkohol verzichtet.

Es ist nicht schwer, ein leckeres alkoholfreies Getränk zu kreieren, das zu einem bestimmten Gericht passt. Aber wenn man anfängt, dieses alkoholfreie Getränk anhand von Parametern wie Geschmackskomplexität zu beurteilen, erlebt man es trotzdem häufig als flach und langweilig. Es passiert nicht viel mehr als das, was man beim ersten Schluck schmeckt und wahrnimmt, und in den meisten Drinks ohne Alkohol gibt es nur wenig, was zu einem bedächtigen Nippen mit eingehenden Geschmacksdiskussionen einlädt. Doch es ist durchaus möglich, so eine Erfahrung zu vermeiden und stattdessen ein Erlebnis vielschichtiger Aromen zu schaffen. In den Rezepten in diesem Buch bin ich meist von einem Basisgetränk ausgegangen und habe dann verschiedene Zutaten ergänzt. Was ich nehme, hängt natürlich teilweise vom Essen ab, zu dem das Getränk meiner Meinung nach serviert werden sollte. Außerdem sollen die verschiedenen Zutaten dem Getränk einen Teil ebenjener Komplexität verleihen, die ich schon erwähnt habe. Die jeweiligen Produkte und Zutaten dürfen ganz einfach verschiedene Eigenschaften beitragen und zusammen ein Getränk mit einer interessanten Komplexität bilden, die zu einem bestimmten Anlass oder einem bestimmten Gericht passt.

Um noch einmal auf das Beispiel mit fetthaltigen, sämigen Speisen zurückzukommen, die häufig vom Alkohol im Getränk profitieren: Manchmal habe ich den Alkohol durch eine Säure ersetzt und diese durch die Fetthaut auf der Zunge »schneiden« lassen, die sonst die Geschmacksknospen daran hindern würde, alle Geschmacksrichtungen wahrzunehmen. Die Säure kann aus verschiedenen Quellen wie etwa Zitrusfrüchten oder Essig kommen. Sie trägt zu diesem Gefühl eines vielschichtigen Geschmacks bei.

Dieses Zusammenstellen von Produkten mag kompliziert erscheinen, aber sehen Sie es doch als einen der großen Vorteile der alkoholfreien Getränke. Sie können ganz frei mischen und kombinieren, was Sie möchten, und das auf eine Art, die in der Regel in Gesellschaft inakzeptabel wäre, wenn Sie das Gleiche mit Bier, Cider und vor allem Wein täten. Wenn Sie einen Barolo mit Heidelbeersaft mischen oder etwas Holundersaft in den Jahrgangschampagner träufeln, ist die Wahrscheinlichkeit hoch, dass Ihre Einladung zum nächsten Treffen der Kochgruppe auf wundersame Weise verloren geht. Es ist aber überhaupt nicht befremdlich, wenn Sie Kombucha mit Ananassaft mischen oder etwas Johannisbeersaft in einen Moosbeeren-Drink geben. Diese Freiheit führt übrigens auch dazu, dass Sie ohne Weiteres die Rezepte im Buch so abstimmen können, dass sie zu Ihren persönlichen Vorlieben passen. Zu sauer? Noch ein wenig Zuckersirup oder Agavensirup. Zu süß? Mit Zitronensaft oder Essig verdünnen. Eigentlich ganz einfach, oder? Diese Freiheit nimmt man sich bei Bier, Cider oder Wein nicht so gerne heraus.

GESCHMACK

Um die Theorien zu Essens- und Getränkekombinationen zu verstehen, muss man wissen, was Geschmack ist. Der Geschmackssinn sitzt in der Mundhöhle, größtenteils auf der Oberseite der Zunge. Die Rezeptorzellen in den Geschmacksknospen reagieren auf die fünf verschiedenen Geschmacksqualitäten süß, sauer, bitter, salzig und Umami, auch Grundqualitäten genannt.

Wie wir Geschmäcke wahrnehmen und was wir als wohlschmeckend empfinden, ist im Großen und Ganzen individuell verschieden. Frühere Geschmackserlebnisse, das, was wir mit verschiedenen Geschmäcken verbinden, und aus welcher Esskultur wir kommen, sind Aspekte, die unsere Wahrnehmung beeinflussen. Wenn es aber darum geht, wie die Grundqualitäten einander beeinflussen, gibt es einige einfache Grundregeln.

Süße ist die Grundqualität, die das breiteste Publikum anlockt. Schon in der Muttermilch kommt sie vor, und sie ist der erste Geschmack, den wir als Kinder erleben. Süße gibt es sowohl im Essen als auch in Getränken, sie kann von reinem Zucker, Honig oder verschiedenen Sirupformen stammen. Doch die Süße kann auch von Zutaten kommen, an die wir bei Süße vielleicht nicht unbedingt gleich denken, etwa im Ofen gebackenes Wurzelgemüse, Sahne oder karamellisierte Zwiebeln.

Mit Süße im Essen schmeckt das Getränk: frischer, bitterer, herber, weniger süß.

Eine gute Grundregel ist, ein Getränk zu wählen, das mindestens die gleiche Süße hat wie das Essen. Soll es zum Dessert serviert werden, kann das Getränk süßer sein als das Dessert, da es sonst möglicherweise als sauer empfunden wird. Man kann aber auch einen ganz anderen Weg gehen und nicht mit Süße im Getränk arbeiten. Denken Sie zum Beispiel an Kaffee und Tee – Getränke, die wir häufig zu Desserts oder Süßspeisen servieren. Da arbeitet man stattdessen mit bitteren und herben Aromen als Gegengewicht zur Süße.

Mit Süße im Getränk schmeckt das Essen: frischer, bitterer, weniger salzig, weniger süß.

Säure ist eine andere Grundqualität, die man in Speisen und Getränken häufig findet. Die Ausgewogenheit zwischen der Säure im Essen und der im Getränk ist Voraussetzung dafür, dass die Kombination angenehm wird. Ist die Säure im Essen zu prominent, schmeckt das Getränk flach und hat keine Frische mehr. Im umgekehrten Fall ist das Problem nicht so schwerwiegend, da das Essen selten so abhängig von seiner Säure ist wie das Getränk.

Die Säure im Getränk kann außerdem als Gegengewicht zu fettem Essen wirken und so zu einem frischeren Gesamteindruck beitragen. Sie bewirkt also, dass ein sehr fetthaltiges Gericht als frischer empfunden wird, führt aber gleichzeitig dazu, dass die Säure im Essen als weniger säuerlich oder als weniger frisch erlebt wird.

Mit Säure im Essen schmeckt das Getränk: süßer, weniger frisch, weniger herb, weniger bitter.

Mit Säure im Getränk schmeckt das Essen: süßer, weniger frisch, weniger herb, weniger scharf.

Bitter ist die unbeliebteste Grundqualität, die wir meist erst spät im Leben zu schätzen lernen. Einige tun das sogar nie. Das ist eigentlich nicht verwunderlich, da der Mensch instinktiv bei bitteren Geschmäcken vorsichtig ist, denn das Bittere kann ein Indikator dafür sein, dass das, was da gerade verzehrt wird, giftig ist. Im Essen sind Zutaten wie weißer Spargel, Rucola und Endivien bitter, aber auch Kräuter wie Thymian und Rosmarin können bitter wirken. Getränke, die meist bitter sind, sind Bier, Grapefruitsaft und Sanbittèr. Man muss Bitteres in Speisen und Getränken vorsichtig kombinieren, da sich der bittere Geschmack sonst verstärkt.

Mit Bitterem im Essen schmeckt das Getränk: bitterer, süßer, herber, schärfer, weniger frisch.

Mit Bitterem im Getränk schmeckt das Essen: bitterer, süßer, weniger frisch, weniger salzig, schärfer.

Ein leicht bitteres Getränk passt beispielsweise gut zu Wurstwaren und Käse. Das Bittere im Getränk kann salzige Speisen ein wenig dämpfen und die Geschmacksknospen vom Fett im Essen befreien.

Salzigkeit eignet sich gut als Geschmacksbrücke zwischen Speisen und Getränken. Das Salz findet sich meist nur im Essen und verstärkt die Geschmäcke der Zutaten, gleichzeitig rundet es Süße, Säure und Bitteres im Getränk ab.

Mit Salzigkeit im Essen schmeckt das Getränk: weniger frisch, weniger süß, weniger herb, weniger bitter.

Das Wort *Umami* kommt aus dem Japanischen und bedeutet in etwa delikat. In der westlichen Welt war Umami lange eine unbekannte Geschmacksqualität. Natürlich gab es den Geschmack, er fand aber nur selten Erwähnung, und es gab kein Wort dafür in unserem Alltagsvokabular. Heute ist es auch bei uns eine ganz normale Grundqualität. Umami kommt in fettem Fisch, Schalentieren, Pilzen, Tomaten und Käse sowie in vielen asiatischen Produkten wie Fisch- und Sojasauce vor. Gerichte mit viel Umami sind nicht so leicht mit Getränken zu kombinieren, meist passen ein nicht sehr bitteres Bier oder ein Tee gut. Um sich im Teedschungel nicht zu verirren, ist man gut beraten, einen Tee aus einem Land zu nehmen, in dem Umami im Essen häufig vorkommt. Teesorten aus China, Taiwan und Japan eignen sich meist gut.

Mit Umami im Essen schmeckt das Getränk: herber, bitterer.

DER GERUCHSSINN

Wir können also fünf Geschmacksqualitäten wahrnehmen. Unser Geruchssinn dagegen ist in der Lage, 10 000 verschiedene Duftstoffe zu unterscheiden. Die Zellen des Geruchssinns sitzen alle auf einem nur wenige Quadratzentimeter großen Organ ganz oben im Nasendach. Mithilfe des Geruchssinns können wir Duft- und Geschmacksnuancen wahrnehmen. Es heißt, dass etwa 90 Prozent dessen, was wir schmecken, vom Geruchssinn kommen. Nichts mehr zu schmecken, haben wir alle schon einmal erlebt. Wenn wir stark erkältet sind und die Nase dicht ist, bleiben nur noch die Grundqualitäten, also die, die auf der Zunge sitzen und daher nicht ausgeschaltet sind. Vieles von dem, was wir im Alltag als Geschmäcke bezeichnen, also zum Beispiel der Geschmack von Äpfeln oder Tomaten, sind eigentlich Gerüche. Wenn wir essen, füllt sich die Mundhöhle mit Gerüchen, die bis zu den Geruchszellen in der Nase aufsteigen. Das lässt uns fälschlicherweise glauben, dass wir schmecken. Wenn wir erkältet sind, verstopfen diese Kanäle zu den Geruchszellen und wir verlieren das Geschmackserlebnis – oder besser gesagt, das Geruchserlebnis. Gerüche und Geschmäcke, die vom Geruchssinn wahrgenommen werden, bezeichnen wir im Folgenden als Aromen.

DER TASTSINN

Mit dem Tastsinn nehmen wir zum Beispiel Fülle, Textur, Schärfe, Kohlensäure und die Temperatur dessen, was wir in den Mund nehmen, wahr. Und diese taktile Wahrnehmung dessen, was wir essen oder trinken, wirkt sich darauf aus, wie wir ihren Geschmack erleben. So kann der Tastsinn uns helfen, wenn wir Speisen und Getränke kombinieren möchten.

Fülle ist hier zu verstehen als Gefühl im Mund. Eine Speise oder ein Getränk kann sich leicht oder vollmundig anfühlen. Ein neutrales Wasser sorgt für ein leichtes Mundgefühl, während Apfelsaft fülliger schmeckt. Wenn man Speisen und Getränke kombiniert, kann man mit Fülle auf ganz unterschiedliche Art arbeiten – oft hängt es davon ab, woher die Fülle kommt. Eine Möglichkeit ist, Speisen und Getränke mit in etwa gleicher Fülle zu servieren, um zu vermeiden, dass das Leichtere untergeht. Sie können die Fülle einer Speise aber auch abdämpfen, indem Sie sie mit einem säuerlichen oder kohlensäurehaltigen Getränk kombinieren. Letzteres sollten Sie in Erwägung ziehen, wenn der Eindruck von Fülle vom vielen Fett im Essen herrührt, denn Säure und Kohlensäure brechen das Fett auf und machen das Gericht etwas leichter.

Textur ist in etwa das Gleiche wie Konsistenz, das heißt, wie sich etwas im Mund anfühlt. Die Textur eines Gerichts kann beispielsweise weich, cremig, hart, knusprig, knackig oder fettig sein. Es kann sich lohnen, fettigen und sämigen Texturen besondere Aufmerksamkeit zu schenken, wenn Speisen und Getränke kombiniert werden sollen. Fett im Essen ist ein Geschmacksverstärker, der für ein Gefühl von Fülle im Essen sorgt. Das gilt auch für Cremigkeit. Ein cremiges Gericht, zum Beispiel ein Kartoffelpüree, wird häufig aufgrund seiner Konsistenz als füllig empfunden. Und wie man der Fülle mit einem Getränk am besten begegnet, habe ich bereits im vorangegangenen Absatz beschrieben.

Manchmal legt sich das Fett auch wie eine unangenehme Haut in den Mund. Dann wirkt eine Speise schwer und wenig frisch, und Geschmäcke und Aromen nimmt man darunter kaum mehr wahr. In diesem Fall wäre es ratsam, das Fett im Essen mit Säure, Kohlensäure oder etwas Bitterem im Getränk aufzubrechen. Es sind Gegengewichte zum Fett, die für ein ausgewogeneres, angenehmeres Gesamtgefühl sorgen.

Schärfe stellt bei alkoholhaltigen Getränken meist ein Problem dar, weil der Alkohol die Schärfe verstärkt. Scharf gewürztes Essen sollte daher am besten mit Getränken ohne Alkohol kombiniert werden.

Mit Schärfe im Essen schmeckt das Getränk: weniger süß, weniger frisch, bitterer, herber.

Die *Kohlensäure* hilft bei der Reinigung der Geschmacksknospen, was sinnvoll ist, wenn das Essen kräftig ist und im Getränk einen Gegenpol braucht. Ein Getränk mit Kohlensäure macht Essen mit viel Fett, Süße oder Salzigkeit etwas leichter.

Die *Temperatur* wirkt sich sowohl bei Speisen als auch bei Getränken auf das Geschmackserlebnis aus. Daher sollten Sie einen Augenblick darüber nachdenken, bei welcher Temperatur die Speisen und Getränke serviert werden sollen. Meist bevorzugen wir unser Getränk zum Essen kalt. Was wir dabei aber vielleicht vergessen, ist, dass wir Geschmäcke bei höheren Temperaturen intensiver wahrnehmen. Und um das Ganze noch komplizierter zu machen, können bestimmte Faktoren die jeweiligen Geschmäcke in andere Richtungen beeinflussen. Bitteres wird zum Beispiel bei höheren Temperaturen als angenehmer empfunden. Nehmen Sie etwa Tee: Ein Tee, der angenehm weich und mild schmeckt, wenn er heiß ist, wird bitter und streng, wenn er zu lange abkühlt. Forschungsergebnisse zeigen, dass die Wahrnehmung von Süße weniger abhängig ist von Temperaturveränderungen, wie das bei den anderen Grundqualitäten der Fall ist.

Wenn Wein zum Essen serviert wird, sollte man die Temperatur beim Servieren nicht dem Zufall überlassen. Es gibt nämlich einige gut erprobte Empfehlungen dazu, bei welcher Temperatur je nach Art des Weines eine Ausgewogenheit in den Geschmäcken erreicht wird.

Die Prinzipien hinter diesen Empfehlungen gelten natürlich auch für Getränke ohne Alkohol, jedoch mit dem Unterschied, dass es dazu noch keine ausgiebig erprobten Empfehlungen gibt. Auch ich habe solche noch nicht erarbeitet, aber ich habe den Geschmacksveränderungen im Zusammenhang mit Temperatur dabei durchaus Aufmerksamkeit gewidmet.

Natürlich gibt es weitere Faktoren, die das Gesamtgeschmackserlebnis beeinflussen. Das kann die Umgebung sein, unsere Erwartungen oder unser Wohlbefinden. Außerdem spielt unsere Esskultur eine Rolle, nämlich das, was wir in Sachen Geschmack zu schätzen oder nicht zu schätzen gelernt haben. Alles, was unsere Sinne beeinflusst, beeinflusst auch, wie wir Speisen und Getränke erleben.

WIE KOMBINIERT MAN?

Wie geht man also vor, wenn man sich an das herantastet, was eine hoffentlich gelungene Essens- und Getränkekombination ist? Ich setze voraus, dass Sie wissen, was Sie kochen werden, und dass Sie jetzt auf der Suche nach einem geeigneten Getränk sind. Zunächst müssen Sie die prominenten Grundqualitäten des Gerichts identifizieren. Es geht um das Gesamterlebnis des Gerichts, und nicht selten ist die Messlatte eine Beilage oder Sauce. Gebackenes Wurzelgemüse wird als süß empfunden, und joghurtbasierte Saucen sind säuerlich. Wie die Grundqualitäten im Essen Getränke beeinflussen und wie sie von ihnen beeinflusst werden, geht aus dem vorherigen Abschnitt hervor.

Dann müssen Sie überlegen, wie das Gericht vom Tastsinn wahrgenommen wird. Ist das Essen scharf? Ist es fett? Über den Tastsinn nehmen wir die Fülle einer Speise wahr. Ist es ein leichtes Gericht, oder füllen die Geschmäcke die Mundhöhle so, dass das Essen als füllig empfunden wird? Wie ein Gericht wahrgenommen wird, hängt meist von der Zubereitungsart und dem Würzen der Zutaten ab. Es wäre also zu einfach zu sagen: »Mein Gericht besteht aus Hähnchenbrust, einem mageren, leichten Fleisch.« Wichtig ist vielmehr, wie Sie die Hähnchenbrust zubereiten und würzen werden. Mit der Fülle im Essen können Sie wie oben beschrieben umgehen.

Wenn Sie es bis hierher geschafft haben, haben Sie schon ein gutes Stück des Weges hinter sich gebracht. Vielleicht sind Sie sogar schon am Ziel. Falls Ihnen noch nicht die Luft ausgegangen ist, können Sie auch weiter überlegen, welche Zutaten bei dem Gericht am stärksten vorschmecken. Hier geht es mir jetzt nicht um die Grundqualitäten, sondern um Aromen, die wir mithilfe des Geruchssinns identifizieren können. Nehmen Sie viel Rosmarin oder Zitrone wahr? Oder schmeckt das Lamm sehr intensiv? Wie Sie mit den Aromen in Speisen und Getränken arbeiten, um eine gelungene Kombination von beiden zusammenzustellen, lesen Sie im nächsten Abschnitt. Ich möchte mit dem eben Gesagten deutlich machen, dass Sie nicht versuchen sollten, ein Getränk zu finden, das perfekt zu allem passt, was auf dem Teller liegt. Es geht vielmehr um das Gesamterlebnis. Suchen Sie die Komponenten aus, die Sie am intensivsten mit dem Geschmacks- bzw. Tastsinn wahrnehmen, und arbeiten Sie zunächst auf dieser Grundlage.

SPIEGELN, ERGÄNZEN UND KONTRASTIEREN

Jetzt verlassen wir die Welt des Geschmacks und des Gefühls und konzentrieren uns auf Aromen. Im Vergleich zu den Grundqualitäten sind Aromen subtiler, und wenn Sie sich in Essens- und Getränkekombinationen mit ihnen beschäftigen möchten, geht es um Detailarbeit. Nicht das, was hier steht, ist entscheidend für eine gelungene Kombination aus Speise und Getränk, sondern das praktische Erleben. Wer sich trotzdem eingehender damit beschäftigen möchte, der kann sich auf einige bereits erprobte Methoden stützen, die vor allem im Zusammenhang mit Wein bekannt sind. Als Ausgangspunkt wählen Sie zunächst eine Hauptzutat oder ein prominentes Aroma im Gericht aus, wenn Sie ein dazu passendes Getränk suchen. Für die Getränkewahl kann ich die folgenden drei Methoden empfehlen, um Aromen zu kombinieren:

Spiegeln

Das Spiegeln von Aromen basiert darauf, gleiche oder ähnliche Aromen im Getränk und im Essen zu finden. Speise und Getränk sollten also in etwa gleich duften. Aromen zu spiegeln, ist ein relativ einfacher und sicherer Weg zu einer gelungenen Kombination, weil die Düfte nicht miteinander kollidieren. Selbstverständliche Aromenspiegelungen entstehen, wenn Speise und Getränk aus den gleichen Zutaten bestehen. Das kann zum Beispiel ein Preiselbeer-Drink sein, der zu Fleischbällchen mit Preiselbeerkompott serviert wird. Ein nicht ganz so selbstverständliches Beispiel wäre die Kombination von Earl-Grey-Tee und Toastbrot mit Orangenmarmelade. Ein Klassiker, aber wahrscheinlich haben Sie noch nie wirklich darüber nachgedacht, warum sie gut zusammenpassen. Das Bergamottenöl im Tee wird aus einer Zitrusfrucht gewonnen und trägt daher viele Zitrusaromen in sich. Diese werden in der Orangenmarmelade gespiegelt – und das passt einfach gut zusammen.

Ergänzen

Während man beim Spiegeln in Speisen und Getränken nach ähnlichen Aromen sucht, zielt man beim Ergänzen von Aromen darauf ab, Aromen zu finden, die einander vervollständigen. Es geht also darum, Düfte zu finden, die gut zusammenpassen, ohne dass sie unbedingt ähnlich sein müssen. Einige klassische Beispiele sind Apfel und Zimt, Zitrusaromen zu Schalentieren und Dill zum Fisch. Das Ergänzen von Aromen ist beim Kochen gang und gäbe, ohne dass es dazu eine besondere Theorie mit kompliziertem Namen gäbe. Wird ein Gericht aus Kohlenhydraten, Proteinen, Gemüse und Saucen kombiniert, fällt die Wahl so gut wie immer auf Zutaten, die einander ergänzen. Genauso wie beim Würzen von Speisen. Man könnte das Getränk mit einer Sauce vergleichen, die zum Gericht serviert wird. Welche Saucengeschmäcke passen dazu? Rosmarin haben wir häufig in der Bratensauce zum Lamm, und wir pressen Zitrone aus in die zerlassene Butter zum Fisch. Genauso funktioniert das Ergänzen von Aromen bei der Wahl von Getränken zum Essen.

Kontrastieren

Lässt sich das Spiegeln und Ergänzen verhältnismäßig einfach anwenden, so ist das Kontrastieren von Aromen weit schwieriger. Wenn es Ihnen aber gelingt, kann das Ergebnis fantastisch und wirklich spannend werden. Das Problem beim Kontrastieren von Aromen ist, dass man es kaum eine Methode nennen kann. Es gibt nämlich keine Logik hinter einer gelungenen Kombination aus kontrastierenden Aromen. Zum einen ist es schwer, Beispiele für Aromen zu nennen, die zueinander in Kontrast stehen, weil Kontraste als sehr unterschiedlich empfunden werden. Was für eine Person eine sehr ungewöhnliche und ungleiche Kombination aus Aromen ist, kann eine andere als selbstverständlich und überhaupt nicht kontrovers wahrnehmen. Zum anderen kann man im Vorfeld nie wissen, ob zwei kontrastierende Aromen eine gelungene oder missglückte Kombination ergeben. Man kann es nur ausprobieren.

KATEGORISIERUNG DER GERICHTE

Was in einem Getränk dafür sorgt, dass es zu einem bestimmten Gericht passt, lässt es meist auch zu anderen Gerichten gleicher Art passen. Man kann die Gerichte daher in verschiedene Kategorien einteilen, die es ermöglichen, auf übergeordneter Ebene über Speise- und Getränkekombinationen zu sprechen. Die Kategorien, die ich im Folgenden vorstellen werde, sind sehr allgemein gehalten und decken eine Menge an Gerichten ab. Sie sollen Ihnen als Richtschnur dienen. Bei jedem Getränkerezept beziehe ich mich auf diese Essenskategorien, aber darüber hinaus werde ich weitere Beispiele für Gerichte anführen, die meiner Meinung nach zu dem jeweiligen Rezept besonders gut passen.

Wenn man Speisen und Getränke kombinieren möchte, spielen viele Faktoren eine Rolle. Es ist eine Sache, Theorien und Ideen zu Papier zu bringen, eine ganz andere jedoch, diese auf dem Teller und im Glas zu verwirklichen. Vielleicht haben Sie bereits selbst die Erfahrung gemacht, dass Sie zwar das Rezept für ein Gericht oder einen Cocktail mehrfach ausprobiert haben, das Ergebnis aber immer anders wurde. Außerdem ist es so, dass das gleiche Rezept unterschiedlich schmecken wird, wenn es von verschiedenen Menschen zubereitet wird. Die Qualität der Zutaten, die exakten Mengen und die Einhaltung von Zeitangaben sind nur einige Beispiele für Dinge, die sich auf das Endergebnis auswirken können. Haben Sie daher keine Angst davor, den Getränkevorschlag, den ich zu einem bestimmten Gericht mache, anzupassen und abzustimmen, damit die Kombination in Ihrem speziellen Fall ein Volltreffer wird. Denken Sie auch daran, dass nicht immer die Hauptzutaten das Wichtigste in einer Speise- und Getränkekombination sind. Nicht selten beeinflusst eine Beilage oder eine Sauce den Charakter eines Gerichts am stärksten. Servieren Sie zum Beispiel Pasta mit einer Gorgonzolasauce, wird nicht die Pasta darüber entscheiden, welches Getränk am besten zum Essen passt. Denken Sie also immer an die Ausgewogenheit des gesamten Gerichts, wenn Sie entscheiden, welches Getränk Sie servieren möchten und wie es ausbalanciert werden sollte.

Leichte, frische Küche

In die Kategorie »Leichte, frische Küche« fallen unter anderem Salate, weißer Fisch, viele vegetarische und Geflügelgerichte. Einige Fleischgerichte, dann meist mit Schweinefleisch, können auch als leicht empfunden werden. Ob ein Gericht als leicht und frisch wahrgenommen wird, entscheidet sich mit der Zubereitungsart. Grundsätzlich behalten Speisen ihre Frische am besten, wenn man Zubereitungsarten einsetzt, die den ursprünglichen Charakter der Zutaten nur minimal verändern. Meist wird gekochtes, dampfgegartes oder rohes Essen als leicht und frisch empfunden.

Komplexe Gerichte

Zu komplexen Gerichten zählen Speisen und Beilagen, die schwierig mit Getränken zu kombinieren sind. Gerichte, die deutlich wahrnehmbare Gewürze wie Kreuzkümmel, Curry oder Zimt enthalten, gelten als komplex. Das Gleiche gilt für Zutaten mit einer scharfen Säure, zum Beispiel Eingelegtes, Preiselbeeren oder Tomaten, sowie für Speisen mit viel Umami.

Würzige, aromatische Gerichte

In dieser Kategorie fasse ich Speisen zusammen, die mit Geschmacksträgern wie Gewürzen, Wein und Brühe lange gekocht wurden. Eintöpfe, die lange schmoren durften, ein Stück Fleisch, das mehrere Stunden mit Rotwein in einem Schmortopf verbracht hat, oder das populäre Gericht Pulled Pork, das im Ofen zubereitet wird, sind einige typische Beispiele dafür.

Gegrilltes

Gegrillte Speisen haben gemeinsam, dass sie rauchig schmecken und duften. Dabei ist es egal, ob es sich um Fleisch, Fisch, Geflügel oder auch Gemüse handelt. Angeblich trägt die Hitze des Grills oder des Feuers zur Geschmacksintensität des Essens bei.

Fettes Essen

Hausmannskost enthält häufig viel Butter, Sahne, Käse und andere Produkte mit reichlich Fett. Daher lässt sich die Hausmannskost gut in dieser Kategorie zusammenfassen. Aber natürlich gehören hierzu auch andere fette Speisen, zum Beispiel Frittiertes wie Fish 'n' Chips, eine Cremesuppe auf der Basis von Milchprodukten, ein Risotto mit viel Käse oder eine Lasagne mit cremiger Béchamelsauce.

Desserts

Der Begriff »Desserts« stellt keine einfache und einheitliche Kategorie dar. Denn in dieser Kategorie sind sämtliche unterschiedlichen Arten von Nachspeisen vereint, vom frischen Obstsalat bis zur kräftigen Schokoladentorte. Hier unterscheiden sich sowohl Geschmäcke als auch Texturen und Gerüche erheblich, und Getränke zu finden, die zu allem passen, was sich in der Dessertkategorie findet, ist im Grunde unmöglich. Wie auch immer, es ist besser, Desserts in eine Kategorie zusammenzufassen, als gar keine Kategorie zu haben. Und zumeist sind wir uns ja einig, was eine Nachspeise ist.

Käse

Die Kategorie »Käse« ist mindestens genauso breit gefächert wie die Dessertkategorie, denn hier werden alle Käsesorten zusammengefasst. Ein Getränk oder auch nur eine Getränkekategorie, die zu allen passt, gibt es nicht, aber in den Gerichtevorschlägen, die ich zu den Getränken mache, gebe ich genauer an, für welche Käsesorten sich das Getränk eignet. Und vergessen Sie nicht, dass Beilagen wie Marmeladen, Gemüse, Cracker und Früchte, die meist mit Käse zusammen serviert werden, sich darauf auswirken, welches Getränk dazu passt.

BEVOR SIE LOSLEGEN

Da ich den größten Teil meines Lebens als Barkeeper gearbeitet habe, hat sich ein bestimmtes Vorgehen in mir fest verankert: Mit Struktur wird die Arbeit in der Küche leichter und macht mehr Spaß. Daher nun ein paar Tipps , woran Sie denken sollten, bevor Sie mit den Rezepten im Buch loslegen.

ZUTATEN

Ein Getränk wird nie besser als die Zutaten, aus denen es besteht. Daher möchte ich ein paar Worte zur Auswahl von Zutaten für Ihre Getränke sagen.

Die Qualität von Obst und Gemüse ist saisonabhängig, egal ob es regional oder im Ausland angebaut wird. Sie sollten sich daher damit beschäftigen, wann im Jahr verschiedene Obst- und Gemüsesorten Saison haben. Auf diese Weise erhalten Sie einen Hinweis darauf, welche Zutaten voraussichtlich eine hohe Qualität zu einem angemessenen Preis haben werden. Wenn eine Obst- oder Gemüsesorte Saison hat, ist das Angebot meist groß, was dazu führt, dass der Preis fällt.

In nordischeren Ländern gibt es nur eine relativ kurze Anbausaison, und auch wenn der Erntezeitpunkt je nach Obst- oder Gemüsesorte unterschiedlich ist, gibt es die meisten nationalen Produkte nur für eine kurze Zeit im Jahr zu kaufen. Daher kann es dann schwierig sein, Getränkezutaten aus diesen Ländern oder wenigstens aus der Nähe zu bekommen. Wenn Sie aber die Möglichkeit haben, Produkte aus der Region zu erwerben, sollten Sie diese nutzen. Früchte und Gemüse, die über lange Strecken transportiert werden müssen, werden früh geerntet und sollen während des Transports nachreifen.

Lange Transporte kosten außerdem viel Energie und wirken sich negativ auf unsere Umwelt aus. Wurde die Zutat dagegen in der Region produziert und reif geerntet, bedeutet das, dass sie mehr Zeit an ihrem Wuchsort verbracht hat und sich dadurch ihre Aromen länger entwickeln konnten. Bessere Zutat, besseres Endprodukt.

Sich für ein biologisch oder biodynamisch angebautes Produkt zu entscheiden, ist nie verkehrt, aber in manchen Fällen ist es besonders wichtig. Schädlingsbekämpfungsmittel sammeln sich vor allem auf der Schale oder in den Blättern. Wenn Sie Blätter verarbeiten, zum Beispiel von Minze oder Basilikum, ist es daher besonders wichtig zu wissen, wie das Produkt angebaut wurde. Das gilt auch, wenn die Schale von Früchten mitverwendet werden soll. Dabei kann es um die Aromatisierung von Sirupen, die Zubereitung von Shrubs oder das Garnieren eines Drinks gehen. Wenn Sie die Schale von konventionell angebauten Zutaten verarbeiten, riskieren Sie, Schädlingsbekämpfungsmittel und andere unerwünschte Stoffe im Getränk zu haben.

Das Risiko sinkt, wenn die Zutat biologisch angebaut wurde, besser noch: biodynamisch.

Angesichts der Tatsache, dass es so viele Faktoren gibt, die sich auf die Qualität der Zutaten auswirken, sollten Sie daran denken, dass es sich bei den Maßangaben in den Rezepten des Buches um Richtlinien handelt. Abhängig von Qualität und Charakter der Zutaten muss das Rezept möglicherweise auf die eine oder andere Art angepasst werden, damit das Ergebnis optimal wird. Probieren Sie zunächst die Zutaten, die Sie für das Getränk verarbeiten möchten, damit Sie wissen, womit Sie es zu tun haben.

Außerdem ist relevant, ob Sie Früchte und Gemüse selbst auspressen oder fertige Säfte kaufen. Heutzutage gibt es fertige Produkte im Überfluss, die die Zubereitung Ihrer Getränke erheblich vereinfachen. Einige Fertigprodukte sind so gut, dass es eigentlich keinen Grund dafür gibt, einen Saft selbst zuzubereiten. Beispiele hierfür sind Apfelsäfte von bestimmten Herstellern, Kombucha sowie Tomatensäfte. Sie sollten aber bedenken, dass Fertigprodukte selten ganz »rein« sind. Sie enthalten häufig eine Form von Geschmacksgebern, wie zum Beispiel Essig in Rote-Bete-Saft. Einige Produkte sind außerdem pasteurisiert, was sich ebenfalls auf den Geschmack auswirken kann. Ich empfehle, Zitrusfrucht- und Gemüsesäfte (außer Tomatensaft) selbst zuzubereiten. Zitrusfruchtsäfte pressen Sie am besten mit einer Handsaftpresse aus, und Gemüse entsaften Sie mit einem Slow Juicer oder einem Zentrifugalentsafter, weil diese Geräte sich mit harten Zutaten wie Wurzelgemüse und Blättern mit geringem Flüssigkeitsgehalt leichter tun. Versuchen Sie, so wenige Zutaten wie möglich wegzuwerfen! Sie können die Obst- und Gemüsemasse nach dem Entsaften zum Backen oder Kochen verwenden.

Eine unentbehrliche Zutat in Getränken ist Eis. Das kann eine Wissenschaft für sich sein, aber hier sollen einige einfache Tipps reichen. Geizen Sie nicht mit Eis! Wenn Sie Wasser selbst einfrieren, können Sie dies in 2- oder 3-Liter-Gefrierbeuteln tun, weil Sie so massivere Eisstücke erhalten. Hacken Sie vom großen Eisstück die klaren Partien ab, die nur wenige Luftblasen enthalten und daher weniger Wasser verlieren. Reichlich solides Eis führt dazu, dass das Getränk sich länger frisch hält, ohne wässrig zu werden.

DAS HANDWERKSZEUG

Für mich ist die Kreation von Speisen und Getränken ein Handwerk. Im Laufe der Jahre habe ich daher eine umfangreiche Sammlung an Küchenwerkzeugen zusammengetragen. Küchenausstattung und Gläser sind mein Hobby – es sind diese Dinge, die die Kreation eines Drinks und das gesamte Essens- und Getränkeerlebnis krönen und sich, wie ich finde, auf den Gesamteindruck auswirken.

Auch wenn in einigen Fällen eine professionelle Ausrüstung oder spezielle Gläser vorteilhaft sind, müssen Sie sich für das Ausprobieren der Rezepte in diesem Buch in Sachen Ausstattung nicht in Unkosten stürzen, als würden Sie eine Cocktailbar in Ihrem Wohnzimmer einrichten wollen. Das, was zur gewöhnlichen Küchenausstattung gehört, reicht völlig aus. Im Folgenden finden Sie eine Liste der Dinge, die Sie zu Hause haben sollten, um die Getränke aus diesem Buch zubereiten zu können. Soll es doch die Profiausstattung sein, können Sie auf dieser Grundlage die Liste ergänzen und aktualisieren.

» Zitruspresse, am besten eine Handpresse
» scharfes Messer
» verschiedene Messbehälter, am besten Barmaße (auch Jigger genannt) oder Messgläser, die sich für kleine Flüssigkeitsmengen eignen (orientieren Sie sich an den Mengen aus den Rezepten in diesem Buch)
» Küchenwaage
» Wasserkocher mit regulierbarer Temperatur
» Teesieb oder Küchensieb und am besten ein Seihtuch
» dünne feine Gläser
» Stößel oder Mörser
» Barlöffel oder ein längerer Teelöffel
» Slow Juicer oder Zentrifugalentsafter
» Cocktailshaker (entweder ein drei- oder ein zweiteiliger Cocktailshaker; zu Letzterem benötigen Sie zusätzlich noch ein Cocktailsieb); Sie können aber auch ein Gefäß mit Deckel oder eine Thermoskanne benutzen
» Kaffeepresse

VORBEREITUNGEN

Die Getränke im Buch sollten kalt sein, es sei denn, im Rezept ist etwas anderes angegeben. Achten Sie darauf, dass Zutaten, die aus dem Kühlschrank kommen, dort bleiben, bis Sie sie verarbeiten. Wenn Sie ein kaltes Getränk zubereiten, halte ich es für sinnvoll, die Gläser mindestens 30 Minuten in den Gefrierschrank zu legen, bevor Sie etwas hineingießen. Dann können Sie das Getränk in einem schön gefrosteten Glas anbieten. Das Getränk sollte serviert werden, sobald es fertig ist. Die Garnierung sollte daher schon vorbereitet sein.

ABSEIHEN

Das Getränk macht einen hochwertigeren Eindruck, wenn es kein Fruchtfleisch, Eiswürfel oder andere »Überreste« aus der Zubereitung enthält. Seihen Sie daher das fertige Getränk durch ein feinmaschiges Teesieb oder Küchensieb ab, bevor Sie es servieren. Beachten Sie aber, dass Kohlensäure das Abseihen nicht mag. Daher sollte das Getränk abgeseiht werden, bevor kohlensäurehaltige Flüssigkeiten hinzugefügt werden.

MISCHEN

Es gibt verschiedene Möglichkeiten, ein Getränk zu mischen. Die häufigsten sind das Bauen, Rühren und Schütteln. Die Entscheidung für eine Methode sollten Sie von den Zutaten abhängig machen sowie davon, wie konzentriert das Getränk sein und welche Textur es haben soll. Sie können einen Drink bauen, wenn sich die Zutaten leicht miteinander vermischen. Beim Bauen füllen Sie alle Zutaten direkt in ein Glas.

Eine weitere Zubereitungsmöglichkeit ist das Rühren. Dafür geben Sie alle Zutaten in ein Rührglas oder einen Krug mit Eiswürfeln und rühren mit einem Barlöffel oder einem langen Teelöffel, bis alles gründlich vermischt, verdünnt und so kalt ist, wie Sie es haben möchten. Der Vorteil des Rührens ist, dass Sie die wichtigen Dinge wie Temperatur und Konzentration immer im Blick haben. Sie können währenddessen mehrfach abschmecken und das Getränk servieren, wenn es genau richtig kalt und verdünnt ist.

Drinks mit Säften, Eiern und Milchprodukten werden meist geschüttelt. Wenn Sie einen Cocktailshaker, ein Gefäß mit Deckel oder eine Thermoskanne besitzen, können Sie die meisten Getränke schütteln. Häufig schmeckt der Drink besser, wenn die Zutaten geschüttelt wurden. Er ist dann gut vermischt und bekommt durch all die Luft, die beim Schütteln hineingelangt, eine weichere Textur. Wenn Sie dabei Eis verwenden, möchten Sie vor allem drei Dinge erreichen:

» Das Getränk soll gemischt werden.
» Das Getränk soll kalt werden.
» Das Getränk soll verdünnt werden.

ACHTUNG!

Achten Sie unbedingt darauf, keine heißen Getränke oder Flüssigkeiten mit Kohlensäure zu schütteln. Kohlensäurehaltige Getränke werden im Glas kurz vor dem Servieren gebaut und vorsichtig gemischt, damit so viel Kohlensäure wie möglich erhalten bleibt.

AUSBALANCIEREN

Wenn man ein Getränk komponiert, ist es wichtig, dass das Endprodukt ausgewogen ist. Schmecken Sie also bei der Zubereitung immer ab. Gelingt Ihnen nicht die richtige Balance, gehen einige Aromen unter und das Getränk wird zu komplex, zu intensiv oder zu flach. Meiner Meinung nach entscheiden im Grunde drei Dinge darüber, ob ein Getränk als ausgewogen empfunden wird oder nicht:

Das Verhältnis von Säure und Süße
Die Menge an Säure bzw. Süße in einem Getränk ist wichtig für einen ausgewogenen Gesamteindruck. Wie wir Säure und Süße wahrnehmen und welche Menge der jeweiligen Grundqualität für uns genau richtig ist, ist jedoch individuell verschieden. Wenn Sie ein Getränk etwas zu sauer finden, nehmen Sie etwas mehr von dem ursprünglich verwendeten Süßungsmittel oder fügen Sie Zucker in Form von Honig, Agavensirup oder Zuckersirup hinzu. Empfinden Sie ein Getränk als zu süß, schmecken Sie mit mehr Säure ab, zum Beispiel mit Apfelessig, Kombucha, einem Shrub oder dem Saft einer Zitrusfrucht.

Die Geschmacksintensität
Wonach und wie intensiv Zutaten schmecken, hängt von vielen Faktoren ab. Eine Obst- oder Gemüsesorte hat gerade keine Saison, eine Frucht wurde zu früh geerntet oder ist vielleicht überreif. Das muss man im Hinterkopf behalten, wenn man ein Getränkerezept liest. Die Maßangaben in den Rezepten sollten Ihnen als Richtlinie dazu dienen, wie Sie zu einem ausgewogenen Endprodukt gelangen, Sie müssen die Mengen aber vielleicht je nach Eigenschaften der Zutaten anpassen. Da Obst und Gemüse vom Geschmack her immer variieren, ist es wichtig, beim Zubereiten des Getränks ständig zu überprüfen, ob der Geschmack ausgewogen ist.

Die Konzentration
Wenn Sie Wasser in ein Glas mit konzentriertem Saft geben, gibt es einen Punkt, an dem die Wassermenge für Sie gerade richtig ist. Der Saft schmeckt nicht zu intensiv und nicht zu wässrig. Er ist ausgewogen. Wenn Sie einen Drink zubereiten, können Sie die Konzentration mit etwas Wasser ausbalancieren, ihn in einem Rührglas mit Eis verrühren oder in einem Cocktailshaker mit Eis schütteln. Oder Sie fügen noch etwas von einer der leichteren Zutaten hinzu, zum Beispiel Tee oder Sodawasser.

Ein Getränk, das geschüttelt werden soll, schmecken Sie vor dem Schütteln ab. Wird es zum Schluss mit Soda aufgefüllt, sollte es davor abgeschmeckt werden, damit Sie noch Anpassungen für ein ausgewogenes Endergebnis vornehmen können. Vielleicht ist die Ananas so süß und intensiv, dass der Geschmack von Kokos überdeckt wird. Dann sollten Sie keine Hemmungen haben, die Mengenangaben aus dem Rezept zu vernachlässigen und etwas mehr Kokos unterzumischen.

SERVIEREN

Beim Essen und Trinken setzen wir all unsere Sinne ein. Die Präsentation des Getränks ist daher ein Teil des Erlebnisses. Um einen optisch ansprechenden Drink zu kreieren, ist es wichtig, dass Sie gut vorbereitet sind, damit Sie ihn servieren können, sobald er fertig ist. Nehmen Sie ein Glas in der richtigen Größe, sodass es gut gefüllt ist. Ist das Glas zu groß, sieht das im besten Fall wenig durchdacht und im schlimmsten Fall geizig aus. In einem dünnen Glas wirkt ein Getränk viel exklusiver. Wird das Getränk auf Eis serviert, sparen Sie nicht daran. Viel sehr kaltes Eis sorgt dafür, dass das Getränk kalt bleibt und nicht so schnell verwässert.

WAGEN SIE EXPERIMENTE

Betrachten Sie die Rezepte im Buch als Inspiration. Trauen Sie sich zu experimentieren! Tauschen Sie Zutaten aus, probieren Sie andere Mengen, servieren Sie den Drink bei Zimmertemperatur anstatt gekühlt … Der Bereich der alkoholfreien Getränke erweitert sich derzeit so schnell, dass es bald viele neue interessante Getränke und Zutaten zum Ausprobieren geben wird. Los geht's!

WASSER

Wasser ist das einfachste Getränk der Welt. In seiner Neutralität passt es zu fast allen Speisen. Es ist daher nur natürlich, in diesem Buch zunächst einige grundsätzliche Regeln zu erwähnen, wie Wasser sich in Kombination mit Essen verhält.

Im Hinblick auf den Geschmack gibt es nichts, das mit Wasser kollidiert. Doch wer sich wirklich ins Zeug legen möchte, sollte sich damit beschäftigen, welches Gefühl Wasser im Mund erzeugt, und ausgehend davon das Wasser mit Speisen kombinieren. Ich spreche hier von winzig kleinen Unterschieden im Charakter des Wassers, die nicht entscheidend sind, sich aber trotzdem darauf auswirken, wie es zusammen mit Speisen erlebt wird.

Kohlensäure und Temperatur sind die Komponenten, die sich in Bezug auf den Charakter des Wassers am leichtesten beeinflussen lassen. Leichtere Gerichte wie ein frischer Salat sollten am besten mit einem Wasser serviert werden, das ein leichtes Mundgefühl hinterlässt. Möchten Sie dagegen ein fülliges Gericht mit vielen Geschmäcken servieren, empfiehlt sich die Kombination mit einem Wasser, das ein fülligeres Mundgefühl erzeugt. Ein Wasser mit viel Kohlensäure sorgt für Fülle, die als Gegengewicht zu fettem oder würzigem Essen dienen kann, während ein stilles oder nur leicht mit Kohlensäure versetztes Wasser ein leichteres Mundgefühl hinterlässt. Am einfachsten können Sie das berücksichtigen, wenn Sie einen Wassersprudler besitzen: Sprudeln Sie das Wasser lediglich etwas weniger oder etwas mehr als normal. Wenn Sie Mineralwasser kaufen, müssen Sie sich durch das Angebot Ihres Lebensmittelhändlers probieren. In Bezug auf die Temperatur gilt, dass wärmeres Wasser etwas fülliger schmeckt, während kälteres Wasser für ein leichteres Mundgefühl sorgt.

Wollen Sie Ihr Wasser geschmacksmäßig ein wenig in Richtung der Speisen lenken, die Sie servieren, können Sie es aromatisieren. Damit meine ich leichte Noten einer aromatischen Zutat, zum Beispiel einer Frucht oder eines Krauts, das einen Geschmack aus der Speise aufgreift oder sogar verstärkt.

Im Grunde können Sie Ihr Wasser ganz nach Belieben aromatisieren. Früchte, Beeren oder Gemüse eignen sich gut oder auch frische oder getrocknete Kräuter und Gewürze. Achten Sie darauf, vorsichtig zu dosieren, wenn Sie ein sehr intensives Aroma verwenden. Bei frischer Minze etwa braucht es nur ein paar Blätter, damit das Wasser den Geschmack annimmt.

Aromatisiertes Wasser eignet sich gut für Experimente, und die Auswahl der Aromen ist ganz einfach, wenn Sie überlegen, was gut mit der Hauptzutat harmonieren würde. Beispielsweise passen Zitrusaromen gut zu Fisch und Schalentieren, und Rosmarin und Minze sind eine klassische Ergänzung zu Lamm.

Zum Dekorieren der Gläser vor dem Servieren sollten Sie natürlich frische Zutaten verwenden. Haben Sie das Wasser mit Zitrone aromatisiert, reicht eine dünne Zitronenscheibe am Rand des Glases. Sie können das Glas natürlich auch mit etwas anderem dekorieren. Möglicherweise passen frische Kräuter oder Gewürze gut zu Ihrem Aroma und zu den Speisen, die Sie servieren. Denken Sie daran, dass etwa 90 Prozent dessen, was wir als Geschmack erleben, vom Geruch kommt. Lässt sich Ihre Dekoration nicht am Glasrand befestigen, kann es auch hübsch aussehen, wenn Sie zunächst Eiswürfel ins Glas geben, dann Wasser zugießen und die Dekoration dann oben auf das Eis legen.

Eine ganz andere Art der Aromatisierung von Wasser ist Agua fresca, ein mexikanisches Getränk, das sich auf der Grenze zwischen aromatisiertem Wasser und Saft bewegt. Die Basis eines fruchtigen Agua fresca sind Wasser und Früchte sowie Zucker und Zitronensaft für die Balance. Die Früchte können jedoch ausgetauscht oder mit anderen Zutaten wie Nüssen, Reis oder Kräutern kombiniert werden. Es ist schwierig, ein Grundrezept für Agua fresca anzugeben, weil die Mengenverhältnisse abhängig von den Zutaten, mit denen Sie das Wasser aromatisieren möchten, abgestimmt werden müssen, aber in diesem Kapitel habe ich einige Varianten kreiert, die auf diesem Prinzip basieren.

AROMATISIERTES WASSER

Weil es so neutral ist, passt Wasser nahezu immer. Doch wenn Sie etwas Interessanteres als ein Glas Leitungswasser zum Essen servieren möchten, können Sie einen Krug Wasser mit Früchten, Beeren, Kräutern oder Gemüse aromatisieren – der Fantasie und Ihrem Geschmack sind keine Grenzen gesetzt. Es folgen zwei einfache Basisrezepte für aromatisiertes stilles bzw. kohlensäurehaltiges Wasser. Weitere Informationen dazu, wie Sie geeignete Geschmacksrichtungen für das Wasser auswählen, finden Sie auf den Seiten 18 bis 20.

STILLES WASSER (2 L)
2 l kaltes Wasser
Früchte, Beeren, Kräuter oder Gemüse nach Geschmack

KOHLENSÄUREHALTIGES WASSER (2 L)
1 l + 1 l Wasser mit Kohlensäure
Früchte, Beeren, Kräuter oder Gemüse nach Geschmack

Stilles Wasser

1. In einem Gefäß, das mindestens 2 l fasst, Früchte, Beeren, Kräuter oder Gemüse mit einem Stößel zerdrücken.

2. Stilles Wasser hinzufügen, Gefäß verschließen und 5 Sekunden schütteln. Mindestens 2 Stunden im Kühlschrank stehen lassen.

3. Das aromatisierte Wasser in eine Kanne abseihen. In dünnen Wassergläsern servieren.

Kohlensäurehaltiges Wasser

1. In einem Gefäß, das mindestens 2 l fasst, Früchte, Beeren, Kräuter oder Gemüse mit einem Stößel zerdrücken.

2. 1 l kohlensäurehaltiges Wasser hinzufügen und Gefäß verschließen. Im Kühlschrank mindestens 2 Stunden stehen lassen.

3. Das Wasser in eine Kanne abseihen. Vor dem Servieren noch 1 l kohlensäurehaltiges Wasser hinzufügen. In dünnen Wassergläsern servieren.

WAS DAZU PASST
leichte, frische Küche
komplexe Gerichte
würzige, aromatische Gerichte
Gegrilltes

TOMATEN AM STIEL MIT BASILIKUM

Ein aromatisches, säuerliches Getränk mit massenhaft Umami. Die Säure und Aromen machen sich gut zu fettem italienischem Essen, und das Umami der Tomaten sorgt dafür, dass das Getränk im Prinzip zu allen Speisen mit viel Umami passt.

1. In einem Gefäß, das mindestens 700 ml fasst, Tomaten und Basilikumblätter mit einem Stößel zerdrücken.

2. Wasser, Tomatenstiele und Limettenscheibe hinzufügen, Gefäß verschließen und 5 Sekunden schütteln. Im Kühlschrank mindestens 2 Stunden ziehen lassen.

3. Flüssigkeit in einen Krug abseihen. In dünnen Wassergläsern servieren.

WAS DAZU PASST
komplexe Gerichte
fettes Essen

Beispiele für Gerichte:
frische Schalentiere
Avocado-Toast
Pizza

DAS KÖNNEN SIE AUSSERDEM PROBIEREN
Verdünnen Sie mit diesem aromatisierten Wasser Holunderblütensirup. So erhalten Sie ein herrlich aromatisches Getränk, das zu ähnlichen Speisen passt. Wenn Sie das Getränk etwas zu süß finden, können Sie ein wenig frisch gepressten Limettensaft dazugeben.

ca. 120 g aromatische Tomaten, in Scheiben geschnitten
5 Basilikumblätter
500 ml Wasser
15 cm Tomatenstiele
1 Limettenscheibe

HORCHATA DE ALMENDRAS

Horchata ist ein milchähnliches Getränk, das in verschiedenen Teilen Mittel- und Südamerikas serviert wird. Diese Variante mit Reis und Mandeln kommt am häufigsten in Guatemala und Mexiko vor, wo es als erfrischendes Getränk mit Eis oder zu würzigen, aromatischen Speisen wie Tacos, Mole und Quesadillas serviert wird. Hier habe ich Langkornreis verwendet, der für einen weichen, nussigen Geschmack sorgt. Sie können natürlich auch andere Sorten ausprobieren.

Schale von 1 Limette
240 g weißer Langkornreis
130 g Süßmandeln ohne Haut
½ TL Salz
1 Zimtstange
800 ml + 1,2 l Wasser
4 EL Zucker

1. Von der Limette die Schale mit einem Sparschäler in breiten Streifen abschneiden. Limettenschale, Reis, Mandeln, Salz und Zimt mit 800 ml Wasser in einem großen Gefäß (mindestens 1,5 l) mischen. Gefäß verschließen und 1 Tag im Kühlschrank stehen lassen.

2. Limettenschale entfernen, dann die Mischung in einen Mixer geben. Zucker hinzufügen und 30 Sekunden mixen.

3. Horchata durch ein Saft- oder Küchensieb in eine Flasche oder ein größeres Gefäß abseihen.

4. Die Reis-Mandel-Masse zurück in den Mixer geben, 1,2 l Wasser hinzufügen und weitere 30 Sekunden mixen.

5. Die Flüssigkeit in die Flasche oder das Behältnis abseihen, in dem sich die erste Portion Horchata befindet. Dabei mit einem Kochlöffel so viel Flüssigkeit wie möglich aus der Reis-Mandel-Masse drücken. Flasche oder Gefäß verschließen und im Kühlschrank aufbewahren. Die Horchata hält sich dort 3 bis 5 Tage.

6. In Highball-Gläsern auf Eiswürfeln servieren.

Was dazu passt
komplexe Gerichte
Desserts

Beispiele für Gerichte:
Tacos
Quesadillas
Tiramisu

Das können Sie ausserdem probieren
Mixen Sie 350 ml Horchata de Almendras mit 180 g frischer oder tiefgekühlter und aufgetauter Mango in einem Mixer oder mit dem Pürierstab zu einem glatten Getränk. Servieren Sie es in Highball-Gläsern mit Minzzweigspitzen. Es erinnert an Mango-Lassi und passt gut zu scharfem indischem Essen und Gegrilltem.

Apelsinblomvatten
Ingredienser: Apelsinblomextrakt
Bäst före: 10.09.2018 - Förvaras svalt
Stockholms Eter & Essencefabrik AB
www.essencefabriken.se Tel: 08-208326

ORANGENBLÜTEN UND GURKE

Ein Durstlöscher, inspiriert aus dem Nahen Osten, mit Aromen, die die Speisen aus dieser Region ergänzen. Dieses Getränk eignet sich auch hervorragend, um die Geschmacksknospen zwischen verschiedenen Gerichten zu reinigen.

1. Gurkenscheiben mit einem Stößel in einem Gefäß zerdrücken, das mindestens 700 ml fasst.

2. Wasser und Orangenblütenwasser hinzufügen. Gefäß verschließen, 5 Sekunden schütteln. Im Kühlschrank mindestens 2 Stunden ziehen lassen.

3. Wasser in einen Krug abseihen. In dünnen Wassergläsern servieren und mit Gurkenscheiben garnieren.

Was dazu passt
komplexe Gerichte

Beispiele für Gerichte:
Meze
Grünkohlsalat mit Hähnchen und Tahini-Dressing

6 Gurkenscheiben
+ 2 zum Garnieren
500 ml Wasser
½ TL Orangenblütenwasser

AYRAN GINGER FIZZ

Ayran ist ein Getränk aus Joghurt, Wasser und Salz. Zum ersten Mal habe ich Ayran zu einem Döner Kebab in Berlin getrunken. Es ist als Getränk vielleicht etwas gewöhnungsbedürftig, passt aber wirklich ganz hervorragend zu Speisen wie Kebab, die aromatisch und meist recht fett sind. Ayran kann man pur trinken. Aber probieren Sie doch einmal diese Variante mit Ingwerbier, das dem Getränk eine besondere Note verleiht und damit noch besser zu würzigen Speisen passt.

1. Joghurt, Zitronensaft, Wasser und Salz in einem Cocktailshaker oder in einem Gefäß mit Deckel vermischen.

2. Ohne Eis ca. 20 Sekunden kräftig schütteln, damit alle Zutaten gut vermengt werden. Jetzt haben Sie einen Ayran, den Sie prima pur trinken können.

3. Ayran in 2 hohe Gläser abseihen. Mit Ingwerbier aufgießen und vorsichtig umrühren, mit etwas Zimt bestreuen.

Was dazu passt
komplexe Gerichte
würzige, aromatische Gerichte

Beispiele für Gerichte:
Meze
Kebab
Indisches Curry

100 ml griechischer Joghurt
20 ml Zitronensaft
100 ml Wasser
½ TL Salz
200 ml Ingwerbier (nach Belieben)
1 Prise gemahlener Zimt, zum Garnieren

RASPBERRY PUNCH

Wenn Sie Himbeer-Shrub mit etwas Wasser mischen, erhalten Sie ein Getränk, das einem leichten, säuerlichen Saft entspricht. Dieser passt in seiner Einfachheit zu vielerlei Gerichten. Bei Speisen mit richtig viel Säure ist die Auswahl der Getränke meist nicht so einfach, weil diese langweilig erscheinen, wenn sie weniger Säure enthalten als das Essen. Dann ist dieses Getränk mit richtig viel Säure genau richtig. Die Säure ist auch ein frischer Gegenpol zu richtig fettem Essen.

1. Alle Zutaten in einer kleinen Kanne oder einem Rührglas mischen und umrühren.

2. In 2 Weingläsern servieren.

Was dazu passt
leichte, frische Küche
fettes Essen

Beispiele für Gerichte:
Salat mit Ziegenkäse und Parmaschinken mit Vinaigrette
Fish 'n' Chips

60 ml Himbeer-Shrub (S. 168)
300 ml Wasser (still oder mit Kohlensäure)
12 Tropfen Angostura Bitter (nach Belieben)

PFEFFRIGES AGUA FRESCA MIT WASSERMELONE

In mehreren Ländern Südostasiens und Mittelamerikas ist es üblich, dass man Agua fresca mit Wassermelone als Erfrischungsgetränk bestellen kann. Hier kommt eine interessante Variante mit schwarzem Pfeffer aus der Mühle und Basilikum.

1. Alle Zutaten bis auf das Basilikum in einen Mixer geben und ca. 20 Sekunden glatt pürieren.

2. Basilikum hinzufügen. Mit einem Löffel umrühren und das Basilikum gegen das Glas des Püriergefäßes drücken.

3. Mischung in eine Kanne abseihen und im Kühlschrank aufbewahren.

4. Vor dem Servieren umrühren. In 2 Wassergläsern servieren.

Was dazu passt
komplexe Gerichte
Gegrilltes

Beispiele für Gerichte:
Meze
Wurstwaren
Hamburger

Das können Sie außerdem probieren
Ersetzen Sie den Zuckersirup durch konzentrierten Preiselbeersaft und das Basilikum durch Minze für ein Getränk mit fruchtigerem Aroma, das in etwa zu den gleichen Gerichten passt.

350 g (½ kleine) kernlose Wassermelone
100 ml Wasser
10 ml Limettensaft
10 ml Zuckersirup
½ TL schwarzer Pfeffer aus der Mühle
10 Basilikumblätter

SEKANJABIN MIT HOLUNDERBLÜTEN

Sekanjabin ist ein iranischer Minzsirup mit erfrischender Säure. In diesem Rezept habe ich Holunderblütensirup verarbeitet, der die übrigen Geschmäcke im Sirup gut miteinander verbindet. Nicht nur ein schönes Getränk zu Mahlzeiten, sondern auch ein toller Drink für die sommerliche Party. Wenn das Essen recht fett ist, sollten Sie besser Sprudel statt stillem Wasser verwenden.

SEKANJABIN
250 ml Wasser
90 g Zucker
50 ml Apfelessig
6 Minzzweige
¼ TL Salz

FÜR DEN DRINK
90 ml Sekanjabin
200 ml Wasser (still oder mit Kohlensäure)
20 ml Holunderblütensirup
30 ml Limettensaft
2 Gurkenscheiben, in Julienne geschnitten, zum Garnieren
frische Minze, zum Garnieren

Sekanjabin

1. In einem Topf bei starker Hitze Wasser und Zucker 1 Minute kochen, bis der Zucker sich vollständig aufgelöst hat.

2. Den Topf vom Herd nehmen. Apfelessig, Minze und Salz hinzufügen. Umrühren und 30 Minuten stehen lassen.

3. Flüssigkeit in eine verschließbare Flasche abseihen. Sekanjabin im Kühlschrank aufbewahren, dort hält sich der Sirup mindestens 4 Wochen.

Als Drink

1. Die Zutaten auf 2 Tumbler mit Eiswürfeln verteilen und vorsichtig umrühren.

2. Mit Gurkenstäbchen und Minze garnieren.

WAS DAZU PASST
leichte, frische Küche
komplexe Gerichte

Beispiele für Gerichte:
Griechischer Salat
Sushi
Meze

ORANGE UND FENCHEL

Die Orange und der Fenchel mit seiner Anisnote sind eine wunderbare Geschmackskombination, deren Aromen gut zu Gerichten mit Safran und Schalentieren passen. Wenn der Fenchel seine Aufgabe im Wasser erfüllt hat, können Sie ihn zum Kochen verwenden.

1. In einem Gefäß, das mindestens 700 ml fasst, Orange und Fenchel mit einem Stößel zerdrücken.

2. Wasser und Angostura dazugeben, das Gefäß verschließen und Mischung 5 Sekunden schütteln. Mindestens 2 Stunden im Kühlschrank stehen lassen.

3. Flüssigkeit in einen Krug abseihen. In dünnen Wassergläsern servieren.

Was dazu passt
komplexe Gerichte

Beispiele für Gerichte:
Bouillabaisse (franz. Fischsuppe)
Paella

½ Orange, in Scheiben
ca. 120 g Fenchel, in feinen Scheiben
500 ml Wasser
12 Tropfen Angostura Bitter (nach Belieben)

WASSERMELONE UND ROSMARIN

Wassermelone und Rosmarin sind eine etwas ungewöhnliche, aber sehr gelungene Geschmackskombination. Durch seine Aromen passt das Wasser auch zu Gerichten mit etwas intensiveren Aromen, und die Süße der Wassermelone verleiht dem Wasser sogar einen Hauch von Fülle.

1. Wassermelone und Rosmarinzweig in einem Gefäß, das mindestens 700 ml fasst, mit einem Stößel zerdrücken.

2. Wasser untermischen, das Gefäß verschließen und 5 Sekunden schütteln. Im Kühlschrank mindestens 2 Stunden stehen lassen.

3. Das Wasser in einen Krug abseihen. In dünnen Wassergläsern servieren.

Was dazu passt
würzige, aromatische Gerichte

Beispiele für Gerichte:
Pasta bolognese
Pulled Pork

120 g Wassermelone, in Würfeln
1 Rosmarinzweig
500 ml Wasser

WACHOLDERKAFFEE MIT TONIC

Eine einfache, leckere Variante des Hipsterklassikers Espresso und Tonic. Dieses erfrischende kalte Kaffeegetränk sollte bei keinem Kaffeekränzchen fehlen und passt gut zu Bagel oder Kuchen.

1. Kaffee und Wacholdersirup in einem kleinen Krug vermischen.

2. Eiswürfel und Tonic Water auf 2 Tumbler verteilen. Mit der Kaffee- und Wacholdermischung auffüllen.

3. Aus den Zitronenzesten über den Gläsern das Öl auspressen und die Schalen dann wegwerfen. Gläser mit Rosmarinzweigen garnieren.

Was dazu passt
fettes Essen
Desserts

Beispiele für Gerichte:
Bagel mit Räucherlachs und Frischkäse
gegrilltes Ciabatta mit Käse und Schinken
Möhrenkuchen

Das können Sie außerdem probieren:
Ersetzen Sie den Wacholdersirup durch Zuckersirup mit geröstetem Kokos (S. 165), das Tonic Water durch Holunderblüten-Tonic und lassen Sie den Rosmarin weg. So erhalten Sie ein fruchtigeres Getränk, das zu Desserts wie Haselnusskuchen oder Bananenkuchen passt.

160 ml kalt aufgebrühter Kaffee (siehe S. 167)
20 ml Wacholdersirup (siehe S. 164)
180 ml Tonic Water
2 Zitronenzesten
2 Rosmarinzweige, zum Garnieren

ESTD 1905
FENTIMANS
SERVE CHILLED
FENTIMANS
BOTANICALLY BREWED
NATURAL
PREMIUM INDIAN
TONIC WATER
NATURAL BOTANICALS AND QUININE
No artificial sweeteners, flavourings or preservatives
EXQUISITELY CRAFTED

SAFT

Auf bewusste, anspruchsvolle Weise Speisen mit Säften zu kombinieren, ist ein relativ neues Phänomen. Ideen und Erkenntnisse, die sich vor etwa zehn Jahren in einigen wenigen Sternerestaurants zu entwickeln begannen, haben dazu geführt, dass es heute ein größeres, gut sortiertes Angebot an Säften gibt. Und wer möchte, kann eigene Kreationen aus allen möglichen und unmöglichen Bestandteilen aus dem Pflanzenreich selbst herstellen oder aus gekauften Zutaten mischen. In diesem Buch habe ich mich auf das beschränkt, was Sie in einem gut sortieren Supermarkt bekommen.

Die Säfte im Rezept können Sie selbst auspressen oder einfach fertig kaufen. Sie sollten nur daran denken – ob bei gekauften Säften oder bei selbst gemachten –, dass der Saft nie besser wird als die Zutaten, die für die Herstellung eingesetzt werden. Beim Selbermachen liegt der Vorteil auf der Hand: Sie haben volle Kontrolle über die Zutaten. Sie können zum Beispiel prüfen, wie sauer die Zitrone oder wie süß die Möhre ist.

Um Saft selbst herzustellen, benötigen Sie einen Zentrifugalentsafter oder einen Slow Juicer. Wie der Name schon andeutet, rotiert beim Zentrifugalentsafter der Behälter im Gerät und sorgt so dafür, dass die Flüssigkeit aus dem Obst oder Gemüse herausgeschleudert wird. Er arbeitet schnell und eignet sich gut für Zutaten, die viel Flüssigkeit enthalten. Saft aus einem Zentrifugalentsafter neigt dazu, schnell zu oxidieren, weil beim Herstellungsprozess viel Sauerstoff in den Saft gelangt. Daher lässt er sich meist nicht sehr lange aufbewahren.

Um Saft aus Früchten und Gemüsesorten zu pressen, die nicht viel Flüssigkeit enthalten, benötigen Sie einen Slow Juicer. Darin werden die Zutaten langsam mithilfe von Druck ausgepresst. Saft aus einem Slow Juicer enthält mehr Ballaststoffe als der aus einem Zentrifugalentsafter und ist in der Konsistenz etwas sämiger. Wenn in den Rezepten nichts anderes angegeben ist, habe ich frisches Obst und Gemüse mit einem Slow Juicer zu Saft verarbeitet. Zitrusfrüchte presse ich mit einer Handpresse aus, weil das am schnellsten geht.

Wenn Sie selbst entsaften, sollten Sie daran denken, dass die Zutaten je nach Saison, Qualität oder Art des Auspressens unterschiedlich schmecken können. Und bei gekauften Säften hängt es von der Marke ab. Egal ob ich Saft selbst auspresse oder kaufe, ich gieße ihn immer zunächst durch ein feinmaschiges Sieb, damit er nicht wie ein Frühstücks- oder Gesundheitssaft schmeckt, sondern eine elegantere, »reinere« Konsistenz bekommt. Restprodukte, die beim Auspressen entstehen, können Sie zum Kochen oder Backen verwenden.

Säfte weisen sowohl Grundqualitäten als auch zahlreiche Aromen auf. Von den Grundqualitäten sind Säure und Süße die häufigsten, aber wer möchte, kann auch Bitteres, Salziges und Umami zum Beispiel aus Pastinaken, Sellerie oder Tomaten verarbeiten. Die Möglichkeiten zum Spiegeln, Ergänzen oder Kontrastieren von Aromen, wie auf den Seiten 19 bis 20 beschrieben, sind nahezu unendlich. Fast alle Geschmäcke, die in einem Speise- und Getränkezusammenhang eine

Rolle spielen, kommen nämlich aus der Pflanzenwelt und lassen sich irgendwie dem Saft hinzufügen.

Säure und Süße sind beinahe immer relevant, wenn ich mich für die Zutaten entscheide, die ich bei der Saftherstellung verarbeiten möchte, aber ich nutze auch die Aromen. Im Folgenden finden Sie eine kleine Übersicht, wie ich mit Geschmäcken und Aromen in Säften üblicherweise umgehe.

Fruchtigkeit lässt sich mit der Grundqualität Süße verbinden. Der Fruchtsaft sorgt also für Süße im Getränk. Welche Obstsorte ich dann nehme, hängt von den Qualitäten ab, die ich dem Getränk verleihen möchte. Mit den Aromen der Obstsorte spiegle, ergänze oder kontrastiere ich die Aromen sowohl der restlichen Getränkezutaten als auch der Speisen. Tropische Früchte wie Ananas haben eine Fruchtigkeit, die ich häufig einsetze. Eine andere, ebenfalls dankbare Variante von Fruchtigkeit bringen Äpfel und Birnen.

Zitrusfrüchte verleihen dem Saft Säure. Unter die Kategorie Zitrusfrüchte fallen Zitronen, Limetten, Grapefruits und Orangen. Die Wahl der Frucht hängt davon ab, was ich mit dem Getränk erreichen möchte. Meist steuern die zu servierenden Speisen die Wahl der Aromen. Zu frischen Schalentieren passt Zitrone am besten. Bei mexikanischen Tacos dagegen arbeite ich mit Limette.

Erdige Noten wähle ich meist dann für einen Saft, wenn ich ein Gericht serviere, das ebenfalls erdige Aromen aufweist. Das kann ein Pastinakenpüree oder Wurzelgemüse aus dem Ofen sein. Einen erdigen Geschmack weisen zum Beispiel Rote Beten, Artischocken und Möhren auf. Man benötigt nicht viel von diesen Zutaten in einem Getränk, damit ihr Aroma bemerkbar ist.

Schärfe und Würzigkeit können auch in Säften enthalten sein. Schärfe kombiniere ich gerne mit asiatischen Gerichten, Gegrilltem oder anderen Gerichten, die man mit Schärfe assoziiert und zu denen man üblicherweise eine scharfe Sauce serviert. Am häufigsten wird die Schärfe aus Ingwer und Chilischoten genutzt. Würzige Beispiele sind die Anisnoten des Fenchels, die zu Safran passen, oder die Pfeffrigkeit des Selleries, die gut mit frischen Salaten und Schalentieren harmoniert.

Beerennoten nutze ich in ihrer ganzen Vielfalt sehr gerne für Säfte. Auch Beeren können zur Süße beitragen, doch die Süße ist nicht so prominent wie bei den Zutaten, die im Zusammenhang mit Fruchtigkeit verwendet werden. Werden die Beeren zubereitet (das gilt auch für andere Früchte), bekommen sie einen anderen, runderen Charakter mit einer weniger prominenten Säure, dafür deutlich mehr Süße. Denken Sie an Konfitüre im Vergleich zu Saft. Sie passen dann gut in ein Getränk zu einem Dessert oder zu einem richtig herbstlichen, herzhaften Gericht mit Fleisch, Wurzelgemüse und vielleicht Preiselbeerkompott.

EIN GLAS ROTER

Die Zubereitung dieses Getränks ist beinahe so einfach wie das Einschenken von Wein. Und es hat sogar die gleiche hübsche Farbe. Dieser säuerliche Drink aus Johannisbeeren passt gut zu Hausmannskost, seine Säure nimmt fettigem Essen die Schwere.

1. Die Zutaten in einem kleinen Krug oder Rührglas mischen und umrühren.
2. In 2 Weingläsern servieren.

Was dazu passt
würzige, aromatische Gerichte
fettes Essen

Beispiele für Gerichte:
Gulasch
Fleischbällchen mit sämiger Sauce
Kohlrouladen

220 ml Saft aus Trauben und Schwarzen Johannisbeeren (z. B. Rabenhorst)
120 ml Moosbeerensaft

MONSIEUR CHENG

Zu diesem Getränk wurde ich durch ein thailändisches Abendessen in Melbourne vor einigen Jahren inspiriert, als man mir ein ähnliches Getränk mit vielen intensiven Aromen servierte. Kokos schwächt das Würzige ab, die Kohlensäure bricht das Fette auf, und die aromatischen Kaffirlimettenblätter ergänzen die Aromen. Gut und ganz einfach. Dies ist meine Interpretation des Getränks.

1. Alle Zutaten bis auf das Sodawasser in einem Shaker oder in einem Gefäß mit Deckel voller Eiswürfel mischen.

2. 8 Sekunden lang kräftig schütteln. Flüssigkeit in 2 Highball-Gläser mit Eiswürfeln abseihen.

3. Mit Sodawasser aufgießen und vorsichtig umrühren. Mit Limettenspalten und Kaffirlimettenblättern garnieren.

Was dazu passt
komplexe Gerichte
Gegrilltes
Desserts

Beispiele für Gerichte:
Hähnchen mit grünem Curry
Thaisalat mit gegrillten Garnelen
Apple Pie

Das können Sie außerdem probieren
Ersetzen Sie das Sodawasser durch mit Ingwer aromatisierten Kombucha, um ein Getränk mit etwas mehr Säure zu erhalten, das trotzdem zu den gleichen Gerichten passt.

100 ml Kokosmilch (ungesüßter Kokosdrink, nicht die Variante zum Kochen)
100 ml naturtrüber Apfelsaft
20 ml Limettensaft
20 ml Agavensirup
6 Kaffirlimettenblätter + 2 zum Garnieren
120 ml Sodawasser
2 Limettenspalten, zum Garnieren

WACHOLDER UND TONIC

Eine säuerliche, bitter-süße Erwachsenenlimonade, die sich ganz hervorragend als Aperitif oder als Getränk zum Essen eignet. Besonders gut macht sie sich zu fetthaltigen Gerichten. Die Säure und die Kohlensäure lindern das schwere Gefühl, das man sonst nach fettem Essen in Mund und Magen spürt.

1. In einer kleinen Kanne oder einem Rührglas Wacholdersirup mit dem Zitronensaft mischen. Die Mischung auf 2 große Weingläser mit Eiswürfeln verteilen.

2. Beide Gläser mit je 130 ml Tonic Water auffüllen und vorsichtig umrühren. Mit Zitronenspalten und Rosmarinzweigen garnieren.

WAS DAZU PASST
komplexe Gerichte
fettes Essen

Beispiele für Gerichte:
Meze
Fish 'n' Chips
gegrilltes Ciabatta mit Käse und Schinken

DAS KÖNNEN SIE AUSSERDEM PROBIEREN
Ersetzen Sie den Zitronensaft durch 80 ml frisch gepressten Blutorangensaft und gießen Sie beide Gläser mit 110 ml Holunderblüten-Tonic auf. Sie erhalten ein fruchtigeres Getränk, das sich als Aperitif oder als Getränk zu Antipasti eignet. Mit Blutorangenscheiben garnieren.

40 ml Wacholdersirup (siehe S. 164)
40 ml Zitronensaft
260 ml Tonic Water
2 Zitronenspalten, zum Garnieren
2 Rosmarinzweige, zum Garnieren

Baies de genièvre

ARME-LEUTE-PORT

Ich habe eine Schwäche für Dessertweine allgemein und für Portwein im Speziellen. Portwein passt hervorragend zu kräftigen Käsesorten und Desserts mit dunkler Schokolade. Dies ist eine alkoholfreie Variante im gleichen Geist.

1. Die Zutaten in einem kleinen Krug oder Rührglas mischen und umrühren.

2. In 2 Portwein- oder kleine Weingläser gießen.

Was dazu passt

Desserts
Käse

Beispiele für Gerichte:
Schoko-Haselnuss-Brownie
Tiramisu
aromatische Käsesorten
(z. B. Blauschimmelkäse und Käse mit Rotschmiere)

Das können Sie ausserdem probieren

Für eine komplexere Variante, deren Herbheit an die Tannine des Rotweins erinnert, können Sie 220 ml 100%igen Heidelbeersaft mit 120 ml Agua de Jamaica mischen und in zwei Weingläser füllen. Dieses Getränk passt zu Gerichten wie Jerk Chicken oder Pizza mit Chorizo sowie zu den oben genannten Käsesorten.

200 ml Heidelbeersaft (100 %)
40 ml Kirschsaftkonzentrat

SPRING GARDEN

Für dieses Getränk habe ich Seedlip Garden verwendet, ein alkoholfreies destilliertes Getränk mit Noten von grünen Erbsen, Heu und Kräutern. Spannende Aromen, die zusammen mit den anderen Zutaten ein sommerliches, erfrischendes Getränk ergeben – als Drink für die Stehparty oder zum gemütlichen Abendessen auf der Terrasse.

1. Alle Zutaten bis auf das Tonic Water in einer kleinen Kanne oder einem Rührglas mischen.

2. In 2 Weingläser gießen und Eiswürfel dazugeben.

3. Mit Tonic Water aufgießen und vorsichtig umrühren. Aus den Grapefruit-Zesten das Öl herauspressen und in die Drinks träufeln. Die Drinks mit den Zesten garnieren.

Was dazu passt
leichte, frische Küche
fettes Essen

Beispiele für Gerichte:
Salat Niçoise
Sushi
kalt geräucherter Lachs mit Kartoffeln in Dillsauce

100 ml Seedlip Garden
40 ml Rhabarbernektar
20 ml Holunderblütensirup
200 ml Tonic Water
2 Pink-Grapefruit-Zesten, zum Garnieren

FEVER-TREE
PREMIUM INDIAN
TONIC WATER
MADE WITH NATURAL QUININE
no artificial sweeteners,
flavourings or preservatives
200ml

Svart Vinbärssaft

HAUSMANNSDRINK

Es gibt zwei Getränke, die ich mit schwedischer Hausmannskost verbinde: Milch und Preiselbeersaft. Dies ist eine Variante des Letzteren. Ein All-inclusive-Drink, der zu fast allem passt. Er weist eine frische Säure auf, aber ebenso eine fruchtige Süße und Spritzigkeit. Pur schon ein Genuss, aber auch eine perfekte Ergänzung zu Hausmannskost.

1. Alle Zutaten bis auf das Sodawasser in einem Gefäß mit Deckel mischen, das mindestens 250 ml fasst.

2. Gefäß verschließen und bis zum Servieren im Kühlschrank aufbewahren, mindestens aber 30 Minuten stehen lassen, damit der Thymian genug Zeit hat, seine Aromen abzugeben.

3. Thymianzweige herausnehmen und den Drink in 2 Weingläser füllen. Mit Sodawasser aufgießen und vorsichtig umrühren.

WAS DAZU PASST
fettes Essen

Beispiele für Gerichte:
Kalbsfrikadellen mit Kartoffelpüree und Preiselbeeren
Reibekuchen mit Schweinefleisch und Preiselbeeren

220 ml Moosbeerensaft
20 ml Schwarzer Johannisbeersirup
10 ml Rotweinessig
8 frische Thymianzweige
100 ml Sodawasser

AUTUMN PUNCH

Ich wurde einmal im Herbst gebeten, für ein privates Dinner einen Drink zu kreieren. Dies ist das Ergebnis – ein perlendes Getränk mit Früchten, Gemüse und Kräutern und dabei herrlich herbstlich.

1. Alle Zutaten bis auf das Sodawasser in einem mit Eiswürfeln gefüllten Cocktailshaker oder Gefäß mit Deckel mischen.

2. 8 Sekunden lang kräftig schütteln, dann in 2 Tumbler mit Eiswürfeln umfüllen.

3. Mit Sodawasser aufgießen und vorsichtig umrühren. Mit frischem Thymian garnieren.

WAS DAZU PASST
leichte, frische Küche
fettes Essen
Käse

Beispiele für Gerichte:
Caesar Salad mit Hähnchen
Quiche mit Käse und Schinken
Hartkäse (z. B. Manchego oder Gruyère)

120 ml naturtrüber Apfelsaft
40 ml Fenchelsaft
40 ml Zitronensaft
20 ml Agavensirup
20 ml Birnensirup
10 ml Apfelessig
100 ml Sodawasser
frischer Thymian, zum Garnieren

CHILLES VIRGIN MARY

Beim klassischen Brunch-Drink Bloody Mary scheiden sich die Geister: Entweder man liebt ihn oder man hasst ihn. Für alle, die ohne ihn nicht leben können, kommt hier eine alkoholfreie Variante. Sie können die Schärfe über die Menge an Chilles-Virgin-Mary-Mix anpassen. Nehmen Sie den besten Tomatensaft, den Sie bekommen können – der Unterschied ist gewaltig.

1. Stellen Sie 2 Highball-Gläser mindestens 30 Minuten in den Gefrierschrank.

2. Chilles-Virgin-Mary-Mix, Tomatensaft und Zitronensaft in einem Krug oder Rührglas mischen und Eiswürfel dazugeben.

3. Mit einem langen Löffel gründlich umrühren, bis der Drink die für Sie richtige Temperatur und Konsistenz aufweist.

4. Flüssigkeit in die tiefgekühlten Highball-Gläser abseihen. (Sie können natürlich auch Eis verwenden, wenn Ihnen das lieber ist.) Mit Zitronenspalten, Stangensellerie und schwarzem Pfeffer aus der Mühle garnieren.

Was dazu passt
komplexe Gerichte
fettes Essen

Beispiele für Gerichte:
frische Austern mit Vinaigrette
Avocadotoast
gegrilltes Ciabatta mit Käse und Schinken

40 ml Chilles-Virgin-Mary-Mix (siehe S. 168)
300 ml Tomatensaft
30 ml Zitronensaft
2 Zitronenspalten, zum Garnieren
2 Stücke Stangensellerie, zum Garnieren
schwarzer Pfeffer aus der Mühle, zum Garnieren

COFFEE JUICE

Dieses Rezept erscheint vielleicht seltsam, bis man es selbst probiert hat. Die Kombination klingt verrückt, aber die kräftigen Aromen des Getränks begegnen stark gewürztem Essen auf eine Weise, die man sonst mit alkoholfreien Getränken nur schwer erreicht.

1. Alle Zutaten bis auf den Crodino in einem kleinen Krug oder Rührglas verrühren.

2. In 2 Weingläser umfüllen. Mit je 50 ml Crodino aufgießen und vorsichtig umrühren. Soll das Getränk etwas kälter und leichter sein, füllen Sie in das Glas zunächst Eiswürfel.

Was dazu passt
würzige, aromatische Gerichte
Gegrilltes

Beispiele für Gerichte:
Herbsteintopf
Rinderfilet mit Sauce béarnaise/Portweinsauce
gegrilltes Fleisch

60 ml Rote-Bete-Saft
120 ml klarer Apfelsaft
60 ml kalt aufgebrühter Kaffee (siehe S. 167)
10 ml Apfelessig
100 ml Crodino

Chef Inox™

BACKYARD HIGHBALL

Ein kluger Mensch hat einmal zu mir gesagt: Alles, was gegrillt ist, schmeckt gut. Ich selbst habe den Reiz des Grillens erst entdeckt, als mein Schwiegervater für unser Wochenendhaus einen anständigen Grill aus rostfreiem Stahl selbst zusammengebaut hat. Jetzt ist einer meiner Höhepunkte bei unseren Aufenthalten dort das Grillen. Sie wollen wie ich nicht riskieren, dass das Entrecote zu lange gart oder der Spargel durch den Grillrost fällt, weil Ihnen das Bier zu Kopf gestiegen ist? Dann brauchen Sie einen Backyard Highball.

1. 1 Zitrone quer halbieren und auf die Schnittflächen etwas Meersalz und braunen Zucker streuen. Die Zitronenhälften mit der Schnittfläche nach unten auf den Grill oder bei starker Hitze in eine Pfanne legen. Grillen, bis die Schnittfläche leicht karamellisiert ist.

2. Die Zitrone abkühlen lassen, dann auspressen und das Fruchtfleisch abseihen.

3. Alle Zutaten für den Drink bis auf das Sodawasser in einem mit Eis gefüllten Cocktailshaker oder Gefäß mit Deckel mischen.

4. 8 Sekunden lang kräftig schütteln, dann in 2 Tumbler mit Eiswürfeln umfüllen. Mit Sodawasser aufgießen und vorsichtig umrühren. Mit Minzzweigspitzen garnieren.

60 ml Zitronensaft aus einer gegrillten Zitrone
60 ml Orangensaft
40 ml Lavendelsirup (siehe S. 165)
180 ml Sodawasser
2 Minzzweigspitzen, zum Garnieren

GEGRILLTE ZITRONE
1 Zitrone
1 Prise Meersalz (nach Belieben)
1 Prise brauner Zucker (nach Belieben)

Was dazu passt
Gegrilltes

Beispiele für Gerichte:
gegrilltes Hähnchen
Hamburger
gegrilltes Gemüse mit Joghurt und Feta

Das können Sie ausserdem probieren
Für einen fülligeren, komplexeren Geschmack gießen Sie das Getränk mit trockenem alkoholfreiem Sekt statt mit Sodawasser auf.

ROOTS AND JUICE

Ich weiß, diese Kombination klingt ungewöhnlich. Aber mit den richtigen Speisen macht sich dieses Getränk ganz hervorragend auf Ihrem Esstisch. Die Textur, die Säure und die Fruchtigkeit bilden einen feinen Kontrast zu fettem, cremigem Essen. Auch zu Salaten mit Wurzelgemüse aus dem Ofen oder Feta und Salzigem wie etwa Käse passt der Drink prima.

1. In einem mit Eiswürfeln gefüllten Cocktailshaker oder Gefäß mit Deckel alle Zutaten mischen.

2. 8 Sekunden lang kräftig schütteln, dann in 2 Weingläser mit Eiswürfeln gießen. Mit etwas frisch geriebener Muskatnuss garnieren.

Was dazu passt
komplexe Gerichte
fettes Essen

Beispiele für Gerichte:
gebratener Halloumi mit Wurzelgemüse aus dem Ofen
Paella
cremige Pastagerichte mit Safran

240 ml Orangensaft
80 ml Pastinakensaft
10 ml Apfelessig
geriebene Muskatnuss, zum Garnieren

APERITIVO

Ich liebe das Konzept des italienischen Aperitifs. Es ist einfach genial: Man sitzt entspannt zusammen, knabbert eine Kleinigkeit und trinkt einen Schluck – und all das vor dem Abendessen. Diesen Drink kreierte ich für meine Frau, als wir unser zweites Kind erwarteten. Sie vermisste in solchen Momenten ihren Negroni, doch dieser Drink wurde zu einer von ihr sehr geschätzten alkoholfreien Alternative.

100 ml Pink-Grapefruit-Saft
20 ml Schwarzer Johannisbeersirup
100 ml Sanbittèr
120 ml Rosmarinsodawasser (siehe S. 167) oder Sodawasser
2 Pink-Grapefruit-Zesten, zum Garnieren
2 Rosmarinzweige, zum Garnieren

1. In einem kleinen Krug oder Rührglas alle Zutaten für den Drink bis auf das Rosmarinsoda mischen und umrühren.

2. In 2 Tumbler mit Eiswürfeln gießen. Mit Rosmarinsoda aufgießen und vorsichtig umrühren. Über den Gläsern das Öl aus den Grapefruitzesten herauspressen, die Drinks mit den Zesten und den Rosmarinzweigen garnieren.

WAS DAZU PASST
fettes Essen
Käse

Beispiele für Gerichte:
Fingerfood wie Oliven, Nüsse und Wurstwaren
Pizza
Hartkäse (z. B. Parmesan, Manchego oder Gruyère)

DAS KÖNNEN SIE AUSSERDEM PROBIEREN
Reduzieren Sie die Menge Pink-Grapefruit-Saft auf 60 ml und fügen Sie 40 ml kalt aufgebrühten Kaffee (siehe S. 167) hinzu. Der Drink passt zu den gleichen Speisen, ist aber auch ganz ohne Essen ein Genuss.

HECHO
EN
MEXICO

HARVEST COLLINS

Ich erinnere mich noch gut: Als mein Slow Juicer zu Hause ankam, war das für mich wie Weihnachten. Sämtliches Obst und Gemüse, das sich in unserem gut gefüllten Kühlschrank befand, ging von fester in flüssige Form über. Eines der vielen Getränke, das während dieser Saft-Sessions entstand, war der Harvest Collins.

1. In einem mit Eis gefüllten Cocktailshaker oder Gefäß mit Deckel alle Zutaten bis auf das Tonic Water mischen.

2. 8 Sekunden lang kräftig schütteln, dann in 2 Highball-Gläser mit Eiswürfeln schütten.

3. Mit Tonic Water aufgießen und vorsichtig umrühren. Mit Apfelscheiben garnieren.

Was dazu passt
leichte, frische Küche
fettes Essen

Beispiele für Gerichte:
Caesar Salad mit Hähnchen
Reibekuchen mit Crème fraîche und Fischrogen

100 ml klarer Apfelsaft
60 ml Limettensaft
40 ml Selleriesaft
30 ml Agavensirup
120 ml Tonic Water
2 dünne Apfelscheiben, zum Garnieren

TEE

Nach Wasser ist Tee das Getränk, das am häufigsten konsumiert wird. Tee im eigentlichen Sinne wird aus den Blättern des Teestrauches *Camellia sinensis* hergestellt. Wir nennen zwar auch andere Produkte Tee, zum Beispiel Rooibostee, der zum Teil aus Rinde gemacht wird, und Kamillentee, der aus Blüten gewonnen wird. Aber wenn man es genau nimmt, gilt nur der Tee vom Teestrauch als Tee. In meinen Rezepten bestehe ich aber nicht auf dieser Unterscheidung, daher enthält dieses Kapitel auch Tees aus Kamille oder Hibiskus.

Tee als Getränk zu Mahlzeiten wird in vielen Varianten konsumiert. Er kann kalt, heiß oder lauwarm getrunken werden und passt so zu vielen verschiedenen Gerichten und Gelegenheiten. Vielleicht noch wichtiger als die Temperatur ist die Tatsache, dass Tee Tannine enthält. Tannine empfinden wir als herb, eine Eigenschaft, die wir häufig mit Rotwein verbinden. Die Herbheit sorgt dafür, dass Ihre Geschmacksknospen sich auf den nächsten Bissen vorbereiten, und je kräftiger die Speisen, desto mehr Vorbereitung brauchen sie und desto herber sollte das Getränk sein. Charakter und Eigenschaften des Tees variieren unter anderem je nach Herkunft, Trockenmethode und Weiterverarbeitung (Fermentation, Oxidation, Lagerung). Tee gibt es in unendlich vielen Sorten. Meist wird er nach Farben in Kategorien eingeteilt: weiß, grün, gelb und schwarz. Darüber hinaus gibt es Oolong-Tee und Pu Erh. Rooibos wird manchmal als roter Tee bezeichnet, aber eigentlich ist die Bezeichnung Tee hier irreführend. Wenn Sie Tee mit Speisen kombinieren möchten, kann Ihnen die Herkunft des Tees Hinweise dazu liefern, welches Essen dazu passt.

Weißer Tee ist die Teesorte, die am wenigsten verarbeitet wurde. Dass die Blätter so hell sind, liegt zum einen daran, dass nur die Knospen und jungen Blätter geerntet werden, zum anderen daran, dass er nicht (oder nur wenig) oxidiert ist. Die Fujian-Provinz in China ist für diese Art Tee bekannt, aber auch Länder wie Indien produzieren weißen Tee. Dieser Tee passt vor allem zu leichten Gerichten wie Rohkost und Obstsalate.

Grüner Tee wird vor allem in China und in Japan hergestellt, wo es mehr als 1000 Sorten gibt. Die frischen Teeblätter werden getrocknet, um eine Oxidation zu verhindern, daher ihre grüne Farbe. Grüner Tee weist einen leicht »blattartigen« Charakter auf, durch den er zu milderen Speisen wie Reis, hellem Fleisch und Früchten wie Melonen passt. Grüner Tee kann in drei verschiedene Geschmacksprofile eingeteilt werden, die wiederum zu verschiedenen Arten von Speisen passen:

- Kräutriger Grüntee mit milden Aromen von Gras und Heu schmeckt gut zu Schalentieren und leichten Gemüsegerichten. Die meisten japanischen Grünteesorten gehören zu dieser Kategorie.
- Rauchiger Grüntee passt gut zu kurz im Wok zubereiteten Speisen, milden Käsesorten und hellem Fleisch. Grüntees aus China reihen sich in diese Kategorie ein.

» Fruchtiger Grüntee harmoniert gut mit Hähnchen und leichten Salaten, aber auch mit nicht zu süßen Desserts. Indischer Grüntee zählt zu dieser Kategorie.

Oolong oder *Wulong* (zu Deutsch Schwarzer Drache) wird vor allem in China und Taiwan produziert. Der Tee ist teilweise oxidiert und hat ein Geschmacksprofil, das sich zwischen grünem und schwarzem Tee bewegt. Er ist als Tischgetränk sehr dankbar. Die leichteren Varianten des Oolong-Tees, wie Tie Kun Yin, passen gut zu Schalentieren und Reisgerichten. Die kräftigeren Varianten, zum Beispiel Tai Hong Pao, schmecken gut zu kräftigeren Speisen wie gegrillten oder geräucherten Gerichten sowie zu Desserts wie Waffeln und Nusskuchen.

Schwarzer Tee ist ein (beinahe) vollständig oxidierter Tee mit vielen Tanninen, der zu kräftigeren Gerichten passt. Er kann ebenfalls in drei verschiedene Geschmacksprofile eingeteilt werden, die mit verschiedenen Arten von Speisen harmonieren:

» Rauchiger Schwarztee, wie Lapsang Souchong vom Wuyi-Gebirge in der chinesischen Provinz Fujian, passt zu gegrillten Fleischgerichten und sogar zu Speisen mit ausgeprägten Röstaromen. Aromatische Desserts wie Gebäck mit dunkler Schokolade schmecken auch gut dazu.

» Fruchtiger Schwarztee, wie der Darjeeling second flush aus Darjeeling in Indien, harmoniert wunderbar mit würzigem indischem Essen und süß-fruchtigen Desserts.

» Malziger Schwarztee, etwa Assamtee aus Assam in Indien, lässt sich prima mit Feta und kräftigeren Gerichten kombinieren.

Pu-Erh-Tee gibt es sowohl als grünen (*sheng* = roh) als auch als schwarzen (*shu* = reif) Tee. Die schwarze Variante, die einen Fermentationsprozess durchlaufen hat und einen erdigen Charakter zeigt, ist weiter verbreitet. Diese Art von Tee balanciert fettes, kräftig gewürztes Essen gut aus. Die feineren Varianten des Pu Erh werden in verschiedene Formen gepresst und bis zu 20 Jahre lang gelagert. So durchlaufen sie eine langsame Oxidation, genau wie Wein, der durch Lagerung reift.

Mit welcher Teesorte Sie auch immer arbeiten, Sie können beim Aufbrühen das Ergebnis durch die Teemenge, die Sie auf eine bestimmte Menge Wasser verwenden, durch die Temperatur, mit der Sie den Tee brühen, und durch die Zeit, die Sie dem Tee zum Ziehen geben, beeinflussen. Im Hinblick auf die Temperatur sollte erwähnt werden, dass heißer Tee fette, füllige Speisen besser ausbalanciert als kalter Tee.

Tee lässt sich ganz hervorragend zu Drinks verarbeiten, und die Sorten, die sich am besten dafür eignen, sind Oolong, grüner und schwarzer Tee. Weißer Tee ist sehr mild und geht in anderen Geschmäcken gerne unter, während Pu Erh sehr intensiv ist und andere Geschmäcke meist überdeckt. Aber hier steht es Ihnen natürlich frei zu experimentieren. Die Tannine im Tee sorgen dafür, dass Tee-Drinks auch mit etwas kräftigeren Gerichten klarkommen, die sich nur schwer mit reinen Säften kombinieren lassen. Grüntee, Oolong und Schwarztee haben geeignete Tanningehalte.

TEE ZUBEREITEN

Tee können Sie zu diversen Gerichten gut pur trinken (siehe Tipps auf der vorherigen Doppelseite, welche Kombinationen sinnvoll sind). Daher folgt zunächst ein Rezept für pur genossenen Tee. Wenn Sie Tee für Drinks aufbrühen, sollte dieser möglichst kräftig sein, damit die Aromen nicht in den anderen Zutaten untergehen. Sie können einfach die Menge an Teeblättern verdoppeln, wenn Sie Tee als Zutat für andere Getränke zubereiten. Nehmen Sie lieber mehr Teeblätter, als ihn länger ziehen zu lassen.

Heiß aufgebrühter Tee
Wenn Sie Tee aufbrühen, variieren Teemenge, Wassertemperatur und Ziehzeit je nach Teesorte, die Sie verwenden. Lose Teeblätter sind meist qualitativ hochwertiger als Teebeutel.

Nehmen Sie immer frisches kaltes Wasser aus der Leitung. Kochen Sie es nicht länger als notwendig und auch nicht mehrmals. Dann verliert es nämlich seine Säure, was sich negativ auf den Geschmack des Tees auswirkt.

250 ml kaltes Wasser
1 TL schwarzer Tee oder Rooibostee
oder
2 TL grüner Tee, weißer Tee, Oolong oder Pu Erh
oder
1 EL Kamillentee
oder
4 g getrocknete Hibiskusblüten

1. Wasser auf die richtige Temperatur erhitzen. Die Aufbrühtemperatur hängt von der Teesorte ab. Schwarzer Tee und Tee aus Blüten brauchen heißes Wasser, 90–95 °C, um alle Aromen aus den Blättern zu gewinnen. Grüntee schmeckt dagegen bitter, wenn man zu heißes Wasser nimmt. Für grünen und weißen Tee sollte die Temperatur 75–80 °C betragen, für Oolong und Pu Erh ca. 95 °C.

2. Wasser über die Blätter gießen. Wenn Sie Pu Erh oder Oolong aufbrühen, müssen Sie den Tee zunächst durchspülen, das heißt, sie gießen den ersten Aufguss nach 30 Sekunden weg. Das wäscht den Tee und führt dazu, dass die Teeblätter sich öffnen.

3. Den Tee ziehen lassen. Die Zeit hängt von der Teesorte ab. An folgenden Richtlinien können Sie sich orientieren:

grüner Tee 2–3 Minuten
schwarzer Tee 3–5 Minuten
Pu-Erh-Tee 3–6 Minuten
Oolong 4–5 Minuten
weißer Tee 5–7 Minuten
Rooibostee 5–8 Minuten
Blütentee 5–8 Minuten

4. Teeblätter abseihen. Weißen, grünen, Oolong und Pu-Erh-Tee können Sie problemlos mehrmals aufbrühen, wenn Sie mehr als eine Tasse trinken möchten. Da sich die Aromen von Tasse zu Tasse verändern, könnte es ein spannendes Experiment sein, zu beobachten, wie sich die jeweiligen Aufgüsse zum Essen verhalten. Wie oft Sie die Blätter aufgießen können, hängt von der Teesorte ab; meist zwischen zwei- und dreimal.

Kalt aufgebrühter Tee
Wenn man Tee mit anderen Zutaten mischen und ihn kalt trinken möchte, bietet es sich an, ihn kalt anzusetzen. Dazu verwenden Sie einfach kaltes Wasser und lassen die Tee-Wasser-Mischung längere Zeit im Kühlschrank stehen. Der Tee wird in den Aromen weicher, weil kaltes Wasser andere Stoffe extrahiert als heißes. Unter anderem ist der Koffeingehalt in kalt aufgebrühtem Tee geringer, was wiederum dazu führt, dass er nicht so bitter schmeckt. Kalt aufgebrühter Tee lässt sich leicht aromatisieren und bildet daher eine gute Grundlage für die Kreation neuer Getränke. Natürlich lässt er sich auch prima pur oder zum Essen trinken.

750 ml kaltes Wasser
4 TL (ca. 9 g) Tee (etwas mehr, wenn es ganze Blätter sind, etwas weniger, wenn der Tee kompakter ist)
oder
3 EL Kamillentee
oder
12 g getrocknete Hibiskusblüten

1. In einer sauberen Kaffeepresse oder einem Gefäß mit Deckel Wasser und Tee mischen.

2. 6–12 Stunden im Kühlschrank stehen lassen, je nach Art des Tees. Am schnellsten geht es bei weißem Tee, danach folgt grüner Tee. Am längsten dauert es bei gerolltem Oolong, Schwarztee, Blütentee, Jasmintee und Pu-Erh-Tee. Zwischendurch abschmecken. Wenn Sie mit dem Geschmack zufrieden sind, den Tee in eine saubere Flasche abseihen. Im Kühlschrank aufbewahren, dort hält sich der Tee mindestens 1 Woche.

MORNING GLORY SIGRID!

»Säuerlich, leicht süß, erfrischend und am besten rosa«, so lautet die wohl häufigste unbestimmte Bestellung in einer Bar, gleich nach »etwas Leckeres«. Dieses Getränk erfüllt alle Anforderungen, und dank des Tees verfügt es auch noch über eine leichte Herbheit, die bei einem Getränk zum Essen angenehm ist.

280 ml kalt aufgebrühter Earl-Grey-Tee, am besten mit intensiver Bergamotte-Note
40 ml Himbeer-Shrub (siehe S. 168)
30 ml Zitronensaft
10 ml Agavensirup
½ TL Orangenblütenwasser (nach Belieben)

1. In einem mit Eis gefüllten Cocktailshaker oder Gefäß mit Deckel, das mindestens 500 ml fasst, die Zutaten mischen.
2. 8 Sekunden lang kräftig schütteln. In 2 Weingläser abseihen.

Was dazu passt
komplexe Gerichte
Gegrilltes

Beispiele für Gerichte:
Meze
Tandoori-Hähnchen

APFEL UND KAMILLE

Beide Zutaten ergeben einzeln schon fantastische Getränke, in Kombination sind sie besonders schmackhaft zum Essen. Das Ergebnis ist gleichzeitig frisch, würzig und aromatisch und passt zu salzigen Speisen mit Kräutern.

1. Kamillentee nach den Anweisungen auf Seite 90 zubereiten, jedoch die doppelte Teemenge verwenden. Abkühlen lassen, ohne den Tee abzuseihen.

2. Tee in einen kleinen Krug oder ein Rührglas abseihen. Apfelsaft hinzufügen und umrühren.

3. In 2 Weingläsern servieren.

160 ml starker Kamillentee
160 ml klarer Apfelsaft

Was dazu passt

würzige, aromatische Gerichte
Gegrilltes

Beispiele für Gerichte:
Zwiebelsuppe
gegrilltes Huhn mit Kräutern und Knoblauch

Das können Sie außerdem probieren

Ersetzen Sie den Apfelsaft durch ein moussierendes Apfelgetränk (z. B. Apfelcider), um ein noch fülligeres Gericht zum Essen mit einer leichten Spritzigkeit zu erhalten, das zu den gleichen Gerichten passt.

FULL STYRKA
FIN AROM
SALONGS THÉ
FINASTE CEYLONBLANDNING

HONG KONG STYLE YUAN YANG TEA

Es gibt ein paar Speisen und Getränke, die ich schon vermisse, sobald ich nach einem Aufenthalt in Hongkong in den Flieger steige. Yuan-Yang-Tee ist eines davon. Dabei handelt es sich um eine Kombination aus Tee, Kaffee und Kondensmilch, die in Hongkong und in allen China Towns auf der ganzen Welt sehr beliebt ist. Das Getränk gibt es sowohl heiß als auch kalt, aber ich bevorzuge es kalt.

250 ml starker Ceylon-Tee
200 ml starker Kaffee, am besten eine mittelstarke Röstung
1–2 EL Kondensmilch, nach Geschmack

Heiße Variante

Alle Zutaten in 2 Kaffeetassen mischen und umrühren.

Kalte Variante

Tee und Kaffee abkühlen lassen, in 2 Highball-Gläser mit Eiswürfeln gießen. Kondensmilch zugeben, umrühren und servieren.

Was dazu passt
komplexe Gerichte

Beispiele für Gerichte:
Wantan-Suppe mit Eiernudeln
Barbecue-Pork mit Reis und Pak Choi

AGUA DE JAMAICA MIT INGWER UND ZIMT

Viele meiner Lieblingsorte liegen in Mittel- und Südamerika und ich hatte das Glück, oftmals dorthin reisen zu dürfen. Zum ersten Mal flog ich in diesen Teil der Welt, um meine Examensarbeit im Bereich Chemietechnik zu schreiben. Doch statt am Schreibtisch zu sitzen und meine Nase in die Bücher zu stecken, lernte ich Handwerkstechniken der Indios und Tango. Ich eignete mir auch Wissen über Rum, Pisco, Mescal und Tequila an und über Agua de Jamaica. Das ist ein Blütentee, den man durch Einweichen getrockneter Hibiskusblüten in Wasser und anschließendes Aromatisieren nach eigenem Geschmack erhält. Der Hibiskus sorgt für einen säuerlichen Geschmack, der an Moosbeeren und Schwarze Johannisbeeren erinnert.

1. In einem Topf Wasser mit Hibiskusblüten, Ingwer, Zimt, Zucker und Limettenzesten aufkochen.

2. Sobald das Wasser kocht, die Hitze auf eine niedrige Stufe reduzieren. Zugedeckt 30 Minuten ziehen, aber nicht köcheln lassen. Wenn die Blüten blass werden, ist der Tee fertig.

3. Den Topf vom Herd nehmen und den Limettensaft hinzufügen. Auskühlen lassen.

4. In Weingläsern mit Eiswürfeln servieren und mit je einer dünnen Limettenscheibe garnieren. Bei Bedarf die Süße mit zusätzlichem Limettensaft ausbalancieren.

WAS DAZU PASST
komplexe Gerichte
Gegrilltes

Beispiele für Gerichte:
Tacos
Meze
Jerk Chicken

DAS KÖNNEN SIE AUSSERDEM PROBIEREN
120 ml Agua de Jamaica und 220 ml Ginger Ale auf 2 mit Eis gefüllte Weingläser verteilen. Mit Limettenscheiben garnieren. Diese Variante passt gut zu einem Thaisalat mit Rindfleisch oder zu Hamburgern, aber auch zu Desserts wie Apple Pie.

ERGIBT CA. 500 ML
500 ml Wasser
8 g getrocknete Hibiskusblüten
1 ½ TL frisch geriebener Ingwer
1 Zimtstange
4 EL Zucker
20 ml Limettensaft + Schale von 1 Limette (Zesten)
Limettenscheiben, zum Garnieren

FANCY TEA SHAKE

Dieses Getränk ist ein gutes Beispiel dafür, was man aus Tee, Konfitüre und Essig zaubern kann. Experimentieren Sie mit dem, was Sie zu Hause haben, und entwickeln Sie Ihre eigenen Lieblingsvarianten.

340 ml kalt aufgebrühter Oolong, eine kräftigere Sorte wie Dai Hong Pao oder Feng Huang Dan Cong
4 TL Aprikosenkonfitüre
1 TL Apfelessig

1. In einem Cocktailshaker oder einem Gefäß mit Deckel, das mindestens 500 ml fasst, alle Zutaten mischen.

2. 8 Sekunden lang kräftig schütteln, bis sich die Konfitüre aufgelöst hat. In kleine Wassergläser abseihen. Soll das Getränk kälter und etwas leichter (weniger konzentriert) sein, können Sie auch mit Eiswürfeln schütteln.

Was dazu passt

komplexe Gerichte
Gegrilltes

Beispiele für Gerichte:
milde bis mittelscharfe chinesische Gerichte
gegrillte Ente oder Schweinenacken

Das können Sie außerdem probieren

Nehmen Sie das gleiche Rezept als Grundlage, aber gießen Sie das Getränk in 2 Highball-Gläser mit Eiswürfeln und fügen Sie 50 ml Sodawasser pro Glas dazu. So erhalten Sie ein wunderbar erfrischendes, leichtes Getränk für einen heißen Sommertag.

OPEN SESAME

Ein gut ausbalancierter Eistee, der zu Gerichten mit kräftigen Aromen passt wie indisches Curry, mariniertes Grillfleisch oder Schokoladendesserts. Er eignet sich auch gut als erfrischender Drink an einem heißen Sommertag.

1. In einem Cocktailshaker oder Gefäß mit Deckel, das mindestens 500 ml fasst, die Zutaten mischen.

2. Ohne Eis 8 Sekunden lang kräftig schütteln. In 2 Highball-Gläser mit Eiswürfeln abseihen. Soll das Getränk kälter und etwas leichter (weniger konzentriert) sein, können Sie es auch mit Eiswürfeln schütteln.

Was dazu passt
würzige, aromatische Gerichte
Gegrilltes
Desserts

Beispiele für Gerichte:
indisches Curry
gegrilltes Hähnchen
Schokoladenkuchen

260 ml kalt aufgebrühter English-Breakfast-Tee
60 ml Grapefruitsaft
30 ml Sesamsirup **(siehe S. 166)**

RICE AND SHINE

Gen Mai Cha ist ein japanischer Grüntee, der mit geröstetem Rohreis gemischt wird. Durch den gerösteten Reis schmeckt der Tee leicht nach Popcorn, was diesem ansonsten recht »grasigen« Tee mehr Tiefe verleiht. Die Feigenkonfitüre trägt Süße bei, Apfelcider und Limettensaft Säure. In der Kombination ein echter Genuss.

140 ml kalt aufgebrühter Gen-Mai-Cha-Tee
2 TL Feigenkonfitüre
20 ml Limettensaft
200 ml Apfelcider
2 dünne Apfelscheiben, zum Garnieren

1. In einem Cocktailshaker oder Gefäß mit Deckel, das mindestens 500 ml fasst, alle Zutaten bis auf den Apfelcider mischen.
2. Ohne Eis 8 Sekunden lang kräftig schütteln, bis sich die Konfitüre aufgelöst hat. In 2 Weingläser mit Eiswürfeln umfüllen.
3. Mit Apfelcider aufgießen und mit Apfelscheiben garnieren.

Was dazu passt
fettes Essen
Desserts

Beispiele für Gerichte:
Risotto mit grünem Spargel und Parmesan
Galettes mit Ziegenkäse, Pinienkernen und Honig
Crêpes mit frischen Früchten und Schokosauce

ST. DALFOUR • FRANCE
ST. DALFOUR
FRANCE
Rhapsodie de Fruit
Hög Halt Av Frukt
Royal Fikon
100% Från Frukt
Nettovikt 284g

LA FLEUR DE VIE

Die Inspiration zu diesem Getränk erhielt ich beim Teetrinken in Paris. Es wurden mir Jasmintee und Macarons mit Orange und Muskat serviert. Natürlich spielte die Umgebung und Atmosphäre eine wichtige Rolle bei diesem Erlebnis, aber aus der Erinnerung an diesen Teegenuss entwickelte sich dieses Getränk – wie gemacht für einen Afternoon Tea oder Brunch.

1. Jasmintee mit Muskatblüten nach der Methode auf Seite 91 kalt ansetzen.

2. In einem Cocktailshaker oder Gefäß mit Deckel, das mindestens 500 ml fasst, die Zutaten mischen.

3. Ohne Eis 8 Sekunden lang kräftig schütteln. In 2 Weingläser mit Eiswürfeln umfüllen. Den Rand des Glases mit etwas frisch geriebener Muskatnuss garnieren. Soll das Getränk etwas kälter und leichter (weniger konzentriert) sein, können Sie es auch mit Eiswürfeln schütteln.

Was dazu passt
fettes Essen
Desserts

Beispiele für Gerichte:
gegrilltes Ciabatta mit Käse und Schinken
Möhrenkuchen
Macarons

220 ml kalt aufgebrühter Jasmintee mit Muskatblüten
100 ml Orangensaft
10 ml Agavensirup
⅓ TL Kurkumasaft (nach Belieben)
geriebene Muskatnuss, zum Garnieren

KALT AUFGEBRÜHTER JASMINTEE MIT MUSKATBLÜTE
750 ml kaltes Wasser
9 g Jasmintee
5 g Muskatblüten

TROPIC MATCHA-MOJITO

Mir war von Anfang an klar, dass unter diesen Rezepten auch eine Variante des klassischen Rumgetränks Mojito sein musste. Dennoch war dieses Rezept das letzte, das ich für das Buch ausgearbeitet habe. Es ist immer schwierig, eine gleichwertige Alternative zu vollendeten Klassikern zu finden, daher hat es lange gedauert, bis ich das Gefühl hatte, etwas kreiert zu haben, das ich ruhigen Gewissens veröffentlichen konnte. Ein klassischer Mojito eignet sich vielleicht nicht als Tischgetränk, aber diese Variante funktioniert sowohl zum Essen als auch als erfrischender Sommerdrink.

1. Matcha-Tee, Limettensaft und Apfelsaft in einer Matcha-Schale mischen. Mit einem Matcha-Teebesen verrühren, bis sich alle Klumpen aufgelöst haben.

2. Honig hinzufügen und mit einem Löffel umrühren, bis dieser sich aufgelöst hat.

3. Die Mischung auf 2 Highball-Gläser verteilen. Minzeblätter leicht zerdrücken und in die Gläser geben.

4. Eiswürfel in die Gläser geben. 20 ml Ananas-Shrub und 80 ml Sodawasser pro Glas aufgießen und vorsichtig umrühren. Mit den Minzzweigspitzen garnieren.

Was dazu passt
komplexe Gerichte
Gegrilltes
Desserts

Beispiele für Gerichte:
Tacos
ganzer gegrillter Fisch mit Zitrone und Kräutern
Crêpe mit tropischen Früchten und Schokosauce

2 TL Matcha-Tee (Culinary Grade)
20 ml Limettensaft
120 ml klarer Apfelsaft
20 ml flüssiger Honig
18–20 Minzeblätter
40 ml Ananas-Shrub (siehe S. 169)
160 ml Sodawasser
2 Minzzweigspitzen, zum Garnieren

RED TEA PUNCH

Denken Sie an Herbst, würzige Eintöpfe und Hausmannskost! Mit seinen Tanninen und schoko-malzigen Noten ist der Keemun-Tee ideal zu etwas fetteren, kräftigeren Speisen. Brombeer-Shrub und Zitrone verstärken die Eigenschaften des Tees noch, daher ist dies das perfekte Getränk zum herbstlichen Eintopf oder zu Fleischbällchen mit sämiger Sauce.

280 ml heiß aufgebrühter, abgekühlter Keemun-Tee
40 ml Brombeer-Shrub (siehe S. 169)
30 ml Zitronensaft
10 ml Agavensirup
12 Tropfen Angostura Bitter (nach Belieben)
4 frische Brombeeren, zum Garnieren

1. In einem mit Eis gefüllten Cocktailshaker oder Gefäß mit Deckel, das mindestens 500 ml fasst, die Zutaten mischen.

2. 8 Sekunden lang kräftig schütteln. In 2 Weingläser abseihen. Mit Brombeeren garnieren.

Was dazu passt
würzige, aromatische Gerichte
gegrilltes

Beispiele für Gerichte:
Boeuf Bourguignon
Gegrillte Rippchen

KOMBUCHA

ekologisk

Kombucha ist ein süßer Tee, der mithilfe des Kombucha- oder Teepilzes fermentiert wurde. Die englische Bezeichnung für diesen Pilz ist *Symbiotic Culture of Bacteria and Yeast*, abgekürzt Scoby. Zu Deutsch: symbiotische Kultur aus Bakterien und Hefen. Dieser Hefepilz ernährt sich vom Zucker im Tee und bildet Kohlensäure. Der pappsüße, leicht herbe Tee verwandelt sich so in ein erfrischendes, spritziges Getränk mit Frucht- und säuerlichen Essigaromen. Der Geschmack des Kombuchas variiert abhängig davon, welcher Tee für die Herstellung verwendet wird. Außerdem kann das Getränk beim Aufbrühen noch weiter aromatisiert werden, während die Flüssigkeit gärt.

Die Variationsmöglichkeiten des Kombuchas sowie seine intensive Säure machen das Getränk zu einem guten Begleiter für viele verschiedene Speisen. Das fertige Kombucha enthält außerdem Massen an Probiotika aus der Fermentation, was ja auch nicht verkehrt ist. Ich sollte erwähnen, dass Kombucha eine geringe Menge Alkohol enthält, der bei der Fermentation entsteht, aber dennoch zu den alkoholfreien Getränken gezählt wird. Es sei denn, auf der Flasche, die Sie gekauft haben, steht etwas anderes.

Nicht aromatisiertes Kombucha passt gut zu Speisen mit viel Säure, zum Beispiel Salaten mit einer Vinaigrette, Kimchi oder sauer eingelegtem Hering. Man kann Kombucha aber auch als Kontrast zu fetteren, würzigeren Speisen wählen wie einigen Käsesorten, Falafel oder gegrillten Würstchen. Wenn Sie der Wurst noch etwas Sauerkraut dazugeben, dann wird der Hotdog-Kombucha-Genuss noch gesünder.

Für meine Getränkerezepte verwende ich je nachdem, was ich mir vorstelle, pures oder aromatisiertes Kombucha und verleihe dem Getränk dann mit weiteren Zutaten zusätzliche Aromen.

KOMBUCHA-GRUNDREZEPT

Der Charakter des Kombuchas hängt davon ab, welchen Tee Sie verarbeiten. Ich bevorzuge Schwarz- (normal) oder Oolong-Tee (eleganter und fruchtiger). Sie sollten reine Teesorten verwenden, da sich ätherische Öle und andere Aromatisierungen auf den Kombucha-Pilz auswirken können. Wenn Sie erste Versuche gestartet haben, können Sie probieren, den Tee mit Honig oder Agavensirup statt mit Zucker zu süßen. Das beste Ergebnis erzielen Sie, wenn Sie 3 bis 5 Liter auf einmal aufsetzen.

Zutaten pro Liter

1 l Wasser
45 g Zucker
1 EL Tee
100 ml fertiges Kombucha-Getränk (entweder aus einem früheren Ansatz oder nicht pasteurisiertes, gekauftes)
1 Kombucha-Pilz (gekauft oder selbst gemacht, siehe S. 170)
evtl. Aromatisierungen, z. B. Honig, Früchte oder Gewürze

1. Ein großes Glasgefäß mit einer mindestens 10 cm großen Öffnung sterilisieren, indem Sie es mit kochendem Wasser befüllen. Messer, Sieb, Messlöffel, Schöpfkelle und Löffel abwaschen und anschließend mit kochendem Wasser übergießen, um etwaige Bakterien abzutöten.
2. In einem Topf Wasser und Zucker aufkochen, damit der Zucker sich auflöst.
3. Den Tee hinzufügen und ca. 6 Minuten köcheln lassen. Dann den Tee abseihen und die Mischung bei Zimmertemperatur abkühlen lassen.
4. Den Tee zusammen mit dem fertigen Kombucha-Getränk und dem Kombucha-Pilz in das Glasgefäß geben. Das Gefäß mit einem Kaffeefilter bedecken und diesen mit einem Gummi befestigen.
5. Gefäß an einem dunklen Ort bei Zimmertemperatur 7–10 Tage stehen lassen. Nach ein paar Tagen beginnt ein kleiner »Ableger« auf dem Kombucha-Pilz zu wachsen, und es kann sein, dass sich Bläschen und am Boden des Gefäßes Ablagerungen bilden. Das ist ganz normal. Nach etwa 7 Tagen können Sie damit beginnen, das Kombucha täglich zu probieren, bis es die für Sie richtige Süße und Säure hat.
6. Ist das der Fall, zunächst mit sauberen Händen den alten und den neuen Kombucha-Pilz abheben und trennen. Auf einen sauberen Teller legen. Der ältere Kombucha-Pilz ist dunkler und lässt sich daher gut von dem neu gewachsenen unterscheiden. Sie können beide für einen neuen Ansatz verwenden, jedoch immer nur einen auf einmal. Ist der Kombucha-Pilz dunkelbraun bis schwarz, ist es Zeit, ihn auszumustern.
7. Jetzt können Sie das fertige Kombucha entweder in Flaschen abfüllen oder aromatisieren. Für das Abfüllen das fertige Kombucha zunächst in saubere, sterilisierte Flaschen, die sich mit einem Korken oder Deckel dicht verschließen lassen, abseihen. Sie sollten es innerhalb 1 Monats konsumieren. Mit der Zeit wird das Kombucha säuerlicher, weil es in der Flasche weiter gären kann.
8. Möchten Sie Ihr Kombucha aromatisieren, können Sie frische Früchte, Beeren, Säfte und/oder Gewürze wie Ingwer verwenden. Dabei können Sie ganz viel experimentieren. Die Menge an Früchten, Saft und Gewürzen hängt davon ab, was Sie nehmen. Eine gute Richtlinie sind ca. 20 Prozent fein geschnittene Früchte, zerdrückte Beeren oder Saft und 80 Prozent Kombucha. Bei Gewürzen ist es schwierig, eine Empfehlung zu geben, hier müssen Sie sich selbst herantasten. Mit Saft können Sie das Kombucha direkt abschmecken. Bewahren Sie das Kombucha mit den Zugaben zur Aromatisierung 1–2 Tage in einem mit einem Kaffeefilter bedeckten Gefäß auf, bevor Sie es abseihen und in saubere Flaschen mit dicht schließendem Deckel umfüllen. Lassen Sie ca. 50 ml Platz in den Flaschen und lagern Sie das fertige Kombucha im Kühlschrank.

Möchten Sie kohlensäurehaltiges Kombucha herstellen, können Sie die Flaschen nach dem Abfüllen 1–3 Tage lang bei Zimmertemperatur an einen dunklen Ort stellen. Dann beginnt in der Flasche eine zweite Gärung. Danach sollten Sie die Flaschen im Kühlschrank aufbewahren. Seien Sie beim Öffnen der Flaschen vorsichtig, denn man weiß nie genau, wie viel Druck sich in ihnen gebildet hat.

KOMBUCHA

DIE WÄLDER VON DALARNA

Wenn ich zu Hause in Dalarna bin, liebe ich es, in den Wald zu gehen. Dies ist ein unkompliziertes, säuerliches Getränk mit dem Geschmack von Rosmarin, Wacholder und Apfel. Die Idee dazu hatte ich bei einem längeren Herbstspaziergang. Es schmeckt geradezu nach Herbst und schreit nach einem würzigen Eintopf.

1. In einem kleinen Krug oder Rührglas Apfelsaft, Wacholdersirup und Angostura mischen und umrühren.

2. In 2 Weingläser mit Eiswürfeln schütten. Mit Kombucha aufgießen und vorsichtig umrühren. Mit Rosmarinzweigen garnieren.

Was dazu passt
komplexe Gerichte
würzige, aromatische Gerichte

Beispiele für Gerichte:
Würstchen mit Sauerkraut
Eintopf mit Fleisch

Das können Sie ausserdem probieren
Ersetzen Sie den Apfelsaft durch Birnencider, um ein Getränk zum Essen zu erhalten, das Kohlensäure und Birnenaromen aufweist. Es passt zu den gleichen Gerichten.

100 ml naturtrüber Apfelsaft
20 ml Wacholdersirup (siehe S. 164)
12 Tropfen Angostura Bitter (nach Belieben)
220 ml Kombucha naturell
2 Rosmarinzweige, zum Garnieren

SWEET VIOLET

In den letzten Jahren sind in den Supermärkten interessante alkoholfreie Wein-Alternativen aufgetaucht. Viele meiner Freunde finde diese aber oft zu »schwer« und zu wenig »süffig«. Und ich kann sie verstehen. Daher habe ich ein eigenes Getränk kreiert. Es erinnert an die alkoholfreien Weinalternativen aus dem Supermarkt, aber ich habe noch ein wenig Würze, Süße, Spritzigkeit und Säure ergänzt. Das Ergebnis passt zu vielen Speisen und ist richtig süffig.

1. In einem kleinen Krug oder Rührglas Rotwein und Agua de Jamaica mischen und umrühren.

2. In 2 Weingläser gießen. Mit Kombucha aufgießen und vorsichtig umrühren.

Was dazu passt
würzige, aromatische Gerichte
Gegrilltes
fettes Essen

Beispiele für Gerichte:
Linsen-Bohnen-Chili
gegrillter Schweinebauch
Pizza mit Salami

140 ml alkoholfreier Rotwein (mit Noten von Schwarzen Johannisbeeren)
80 ml Agua de Jamaica mit Ingwer und Zimt (siehe S. 98)
120 ml Kombucha naturell

BLUEBERRY HILL

Jeden Sommer freue ich mich ungemein darauf, Heidelbeeren und Schwarze Johannisbeeren zu pflücken. In diesem Getränk verbinde ich die Säure und Tannine der Heidelbeeren, die Beerensüße des Johannisbeersaftes und die Würze des Angostura zu einem leckeren und spannenden Getränk.

1. In einem kleinen Krug oder Rührglas Heidelbeersaft, Schwarzen Johannisbeersirup und Angostura mischen und umrühren.

2. In 2 Weingläser gießen. Mit Kombucha aufgießen und vorsichtig umrühren.

Was dazu passt
würzige, aromatische Gerichte
Gegrilltes

Beispiele für Gerichte:
Lasagne
gegrillte Rippchen

140 ml Heidelbeersaft (100 %)
20 ml Schwarzer Johannisbeersirup
12 Tropfen Angostura Bitter (nach Belieben)
180 ml Kombucha naturell

RUBY RED KOMBUCHA

Ein säuerliches, frisches Getränk, das gut zu Eingelegtem und anderen Gerichten mit deutlicher Säure passt. Es eignet sich auch als frischer Aperitif vor dem Essen.

1. Mit einem Stück Pink Grapefruit oder etwas Pink-Grapefruit-Saft die Ränder von 2 Highball-Gläsern befeuchten. Die Ränder dann in etwas Meersalz auf einem Teller drücken. Eiswürfel in die Gläser geben.

2. In einem kleinen Krug oder Rührglas Pink-Grapefruit-Saft und Wacholdersirup mischen und umrühren.

3. In die Gläser umfüllen, mit Kombucha aufgießen und vorsichtig umrühren. Mit Gurkenscheiben garnieren.

Was dazu passt
komplexe Gerichte

Beispiele für Gerichte:
Lachs aus dem Ofen mit eingelegtem Gemüse
eingelegter Hering und Kartoffeln

140 ml Pink-Grapefruit-Saft
20 ml Wacholdersirup (siehe S. 164)
180 ml Kombucha naturell
2 Gurkenscheiben, zum Garnieren

SONNENAUFGANG

Eine Aufwertung der klassischen Saftkombination Möhre und Orange. Das Kombucha trägt Säure bei, und Kurkuma macht das Getränk etwas sättigender als den normalen Frühstückssaft. Außerdem sorgt Kurkuma für einen Farbkick!

120 ml Möhrensaft
80 ml Orangensaft
10 ml Kurkumasaft
120 ml Kombucha naturell, aromatisiert mit Ingwer
geriebene Muskatnuss, zum Garnieren

1. In einem mit Eiswürfeln gefüllten Cocktailshaker oder Gefäß mit Deckel alle Zutaten bis auf das Kombucha mischen.

2. 8 Sekunden lang kräftig schütteln, dann in 2 Weingläser mit Eiswürfeln umfüllen.

3. Mit Kombucha aufgießen und vorsichtig umrühren. Mit geriebener Muskatnuss garnieren.

Was dazu passt

fettes Essen

Beispiele für Gerichte:
Frittata mit Grünkohl
Pasta mit Garnelen und Safran

Das können Sie ausserdem probieren

Zu würzigen, aromatischen Speisen wie Daal und Desserts wie Baklava können Sie auch meine Wintervariante probieren: 100 ml Möhrensaft, 80 ml Orangensaft, 20 ml Zuckersirup mit geröstetem Kokos (siehe S. 165) und 1 TL Orangenblütenwasser in einem Cocktailshaker mit Eiswürfeln schütteln. In 2 Weingläser mit Eiswürfeln gießen, mit je 70 ml Kombucha naturell aufgießen und vorsichtig umrühren. Mit dünn gehobelten Möhrenscheiben und geriebener Muskatnuss garnieren.

GARDEN OF LIFE

Ein erfrischender Cocktail, der als Drink beim geselligen Beisammensein ebenso funktioniert wie als Getränk zum Essen. Er weist vielschichtige Aromen auf, zu denen viele Speisen passen.

1. In einem mit Eiswürfeln gefüllten Cocktailshaker oder Gefäß mit Deckel alle Zutaten bis auf das Kombucha mischen.

2. 8 Sekunden lang kräftig schütteln, dann das Getränk in 2 Highball-Gläser mit Eiswürfeln umfüllen.

3. Mit Kombucha aufgießen und vorsichtig umrühren. Mit Dill garnieren.

Was dazu passt
komplexe Gerichte

Beispiele für Gerichte:
gekochte Krebse mit Dill
eingelegter Hering und Kartoffeln
Räucherlachs mit eingelegtem Fenchel

60 ml Fenchelsaft
30 ml Dillsirup (siehe S. 166)
120 ml Pink-Grapefruit-Saft
140 ml Kombucha naturell
2 Dillzweige, zum Garnieren

RHABARBER UND HONIG

Was erhalten Sie, wenn Sie leckeren Rhabarber mit süßem Honig mischen? Einen frischen, fruchtigen Drink mit einer leichten Schärfe, die ihn erst richtig interessant macht. Dies ist eine wunderbar unkomplizierte Geschmackskombination, die wohl den allermeisten schmeckt.

1. In einem kleinen Krug oder Rührglas alle Zutaten bis auf das Kombucha mischen. Umrühren, bis sich der Honig aufgelöst hat.
2. In 2 Highball-Gläser mit Eiswürfeln umfüllen.
3. Mit Kombucha aufgießen und vorsichtig umrühren. Mit Minzzweigspitzen garnieren.

Was dazu passt
leichte, frische Küche

Beispiele für Gerichte:
Salat Niçoise
Tatar
Sushi

Das können Sie außerdem probieren
Ersetzen Sie den Rhabarbernektar durch Holunder- oder Stachelbeersaft, um ein anderes Geschmacksprofil zu erhalten, das aber immer noch zu ähnlichen Gerichten passt.

160 ml Rhabarbernektar
10 ml Ingwersaft
10 ml flüssiger Honig
180 ml Kombucha naturell
2 Minzzweigspitzen, zum Garnieren

KRÄUTER UND KAMILLE

Seedlip Spice ist ein destilliertes, alkoholfreies Getränk mit dem Geschmack von Kardamom und Kräutern. Zusammen mit den weiteren Zutaten entsteht ein Cocktail mit vielen interessanten Aromen, den man gut pur genießen, aber natürlich auch hervorragend mit Essen kombinieren kann.

100 ml Seedlip Spice
30 ml Kamille-Zitrus-Zucker-Sirup (siehe S. 166)
60 ml Pink-Grapefruit-Saft
160 ml Kombucha naturell
2 dünne Scheiben Pink Grapefruit, zum Garnieren

1. In einem mit Eiswürfeln gefüllten Cocktailshaker oder Gefäß mit Deckel alle Zutaten bis auf das Kombucha mischen.

2. 8 Sekunden lang kräftig schütteln und in 2 Highball-Gläser mit Eiswürfeln abseihen.

3. Mit Kombucha aufgießen und vorsichtig umrühren. Mit Pink-Grapefruit-Scheiben garnieren.

Was dazu passt
leichte, frische Küche
fettes Essen

Beispiele für Gerichte:
Caesar Salad mit Hähnchen
kalt geräucherter Lachs mit Kartoffeln in Dillsauce

IN ARTE NATURÆ
SEEDLIP®
DISTILLED NON-ALCOHOLIC SPIRITS
SPICE 94
Wood - Spice - Citrus

SANGRIA PRESSO

Bei allem, was mit Spanien oder Lateinamerika zu tun hat, werde ich schwach. Die Sprache, das Essen, der Tango – und natürlich die Getränke. Sangria zum Beispiel – ein genialer Mix aus leckeren Dingen, der leider inzwischen einen unverdient schlechten Ruf hat. Daher viva la Sangria, jetzt auch alkoholfrei!

2 TL Kakaonibs
1 Zimtstange
180 ml alkoholfreier Rotwein
80 ml Orangensaft
20 ml Brombeer-Shrub (siehe S. 169)
12 Tropfen Angostura Bitter (nach Belieben)
100 ml Kombucha naturell
2 frische Brombeeren, zum Garnieren
2 Orangenscheiben, zum Garnieren

1. In einer Pfanne Kakaonibs bei starker Hitze rösten.

2. Zimtstange grob im Mörser zerkleinern.

3. In einer Kaffeepresse alle Zutaten bis auf das Kombucha mischen. Umrühren und ca. 60 Minuten im Kühlschrank stehen lassen.

4. Kombucha zugeben und den Stempel vorsichtig herunterdrücken. In 2 Weingläsern oder dünnen Highball-Gläsern mit Eiswürfeln servieren, mit den Brombeeren und Orangenscheiben garnieren.

Was dazu passt
komplexe Gerichte
Gegrilltes
Käse

Beispiele für Gerichte:
Tapas
gegrillte Schalentiere
Hartkäse (z. B. alter Gouda oder Manchego)

SCOBY COLADA

Piña colada ist meiner Ansicht nach einer der besten Drinks der Welt. Daher habe ich eine Variante kreiert, die gut zum Essen passt und die Sie einfach ausprobieren müssen!

1. In einem mit Eiswürfeln gefüllten Cocktailshaker oder Gefäß mit Deckel alle Zutaten bis auf das Kombucha mischen.

2. 8 Sekunden lang kräftig schütteln und das Getränk in 2 Weingläser mit Eiswürfeln füllen.

3. Mit Kombucha aufgießen und vorsichtig umrühren. Mit frischem Koriander garnieren.

Was dazu passt
komplexe Gerichte
Gegrilltes

Beispiele für Gerichte:
Tacos
Thaisalat mit Garnelen
gegrillter Fisch oder Schalentiere

60 ml Kokoswasser
80 ml Ananassaft
20 ml Zuckersirup mit geröstetem Kokos (siehe S. 165), ersatzweise Agavensirup
180 ml Kombucha, aromatisiert mit Ingwer
frischer Koriander, zum Garnieren

WEIN, BIER UND CIDER

Wein

Was ist ein alkoholfreies Getränk? In der EU darf ein Getränk mit der Bezeichnung alkoholfrei nicht mehr als 1,2 Volumenprozent an Alkohol enthalten. Alkoholfreier Wein wird aus vergorenem Traubensaft hergestellt, genauso wie traditioneller Wein. Bei der Herstellung von alkoholfreiem Wein bildet sich ebenfalls Alkohol, der den oben genannten Grenzwert erheblich übersteigt. Um auf den zulässigen Alkoholgehalt zu kommen, wird dem Getränk, das zu alkoholfreiem Wein werden soll, nach dem Gärprozess der Alkohol entzogen.

Warum also stellt man ein Getränk mit Alkohol her, wenn es alkoholfrei sein soll? Das liegt daran, dass sich bei der Entstehung des Alkohols auch viele der Duftstoffe und Aromen bilden, die dem Wein seinen Charakter verleihen. Keine Gärung, kein Wein. Alle alkoholfreien Weine haben ihren Ursprung also in alkoholhaltigem Wein.

Um dem Getränk den Alkohol zu entziehen, gibt es drei normalerweise verwendete Methoden. Diese beinhalten alle die gleichen drei Teilschritte, werden jedoch mithilfe verschiedener Techniken durchgeführt. Zunächst nimmt man sich der flüchtigen Aromen an, die wir als Duft und Geschmack erleben. Danach wird der Alkohol aus der Flüssigkeit separiert. Wenn man den Alkohol losgeworden ist, werden die wertvollen Aromen dem jetzt alkoholfreien Getränk wieder zugesetzt.

Egal, wie man es anstellt, wenn der Alkohol aus dem Wein extrahiert wird, verliert dieser mehr als nur die Rauschfunktion. Mit dem Alkohol verschwindet auch ein Teil des vollmundigen Gefühls, das man beim Trinken eines alkoholhaltigen Weins haben kann. Außerdem dient der Alkohol normalerweise als Geschmacksträger. Genau wie das Salz im Essen betont der Alkohol also die Geschmacksqualitäten des Weins. All dies verändert sich, wenn dem Wein der Alkohol entzogen wird. Man kann ganz einfach nicht erwarten, dass der alkoholfreie Wein genauso schmeckt oder die gleichen Eigenschaften hat wie der alkoholhaltige. Doch abgesehen davon kann alkoholfreier Wein wunderbar zu bestimmten Speisen passen und es lohnt sich durchaus die Anschaffung.

Bier

Alkoholfreies Bier wird seit der Prohibition in den USA produziert und Bier ist damit das alkoholhaltige Getränk mit der längsten Tradition alkoholfreier Herstellung. Bei der Produktion von alkoholfreiem Bier wird dem Bier entweder der Alkohol entzogen oder man hält die Gärung bei 0,5 Volumenprozent an, sodass der Grenzwert für alkoholfreie Getränke nicht überschritten wird.

Ebenso wie bei Wein gilt, dass einige Eigenschaften des Biers zusammen mit dem Alkohol verloren gehen. Bier ist jedoch verhältnismäßig unempfindlich gegenüber einem eingeschränkten Alkoholgehalt. Zum einen, weil es sowieso schon nicht besonders viel Alkohol enthält – eine Reduzierung des Alkoholgehalts von 5 auf 0,5 Volumenprozent ist eben kein so großer Eingriff wie die Reduzierung des Alkoholgehalts von 14 auf 0,5 Prozent wie beim Wein. Zum anderen hat man bei der Bierherstellung die Möglichkeit, den geringen Alkoholgehalt durch kräftige Geschmäcke zu kompensieren. Das Malz, das für die Gärung verwendet wird, kann zum Beispiel aus verschiedenen Getreidesorten bestehen und unterschiedlich behandelt sein, um dem Bier einen bestimmten Charakter zu verleihen. Außerdem gibt es Unmengen an verschiedenen Hefesorten, unter denen man wählen kann und die sich alle unterschiedlich auf das Getränk auswirken können. Und schließlich kann man im Rahmen des Gärprozesses den Geschmack mit dem für das Bier so charakteristischen Hopfen, aber auch mit Zitrusfrüchten, Beeren oder anderen Geschmäcken anpassen.

Als Tischgetränk ist Bier in allen Stil- und Geschmacksrichtungen sehr dankbar. Es gibt meist ein alkoholfreies Bier, das zu dem passt, was Sie auf dem Teller haben. Als Richtlinie für die Bierauswahl gilt: Die Geschmacksintensität sollte mit der Fülle des Biers abgestimmt werden. Leichte Biersorten wie ein helles Lager passen zu milden Gerichten, während kräftigere Biersorten wie Indian Pale Ale mit kräftigerem Essen harmonieren. Versuchen Sie, gemeinsame Geschmäcke im Essen und im Getränk zu finden. Sie können etwa in einem Brown Ale Röst- und Nussnoten finden, die gut zu Gegrilltem passen, während sich helle Lager-Biere gerne durch eine Karamellsüße auszeichnen, die sich bestens mit der Süße von im Ofen gebackenem Wurzelgemüse verbindet. Scheuen Sie nicht davor zurück, Bier als Zutat für Getränke zu verwenden und durch die Mischung mit anderen Zutaten eine gewisse Ausgewogenheit oder ein Geschmacksprofil zu erreichen. In diesem Kapitel finden Sie mehrere Beispiele dafür, wie Bier eingesetzt werden kann.

Apfel- oder Birnencider

Als Cider bezeichnet man allgemein vergorenen Apfelsaft, der in geschlossenen Behältnissen mit Kohlensäure angereichert wird. Normalerweise wird alkoholfreier Cider hergestellt, indem man die Gärung unterbricht, bevor der Grenzwert von 0,5 Volumenprozent Alkohol überschritten ist. Alkoholfreier Cider ist meist halbtrocken oder süß. Das liegt daran, dass eine große Menge des Zuckers aus den Früchten immer noch enthalten ist, weil er nicht zu Alkohol vergären durfte. Gerade diese Süße unterscheidet alkoholfreien Cider von alkoholhaltigem, der meist recht trocken ist. Die Süße sollte man berücksichtigen, wenn man alkoholfreien Cider mit Speisen kombinieren möchte. Sehr leichte Gerichte entfallen und sollten Platz machen für aromatischere, fülligere Alternativen, die sich mit der Süße besser messen können.

Apfel- oder Birnencider ist eine sehr dankbare Zutat für Getränke. Die Aromen sind nämlich mit den meisten anderen Zutaten kompatibel, die man sich in Getränken vorstellen kann. Cider ist daher eine hervorragende Grundlage. Mein Tipp: Ersetzen Sie in Rezepten mit alkoholfreiem Sekt diesen durch Cider. Sie erhalten dann ein noch fülligeres Getränk, das zu den etwas fülligeren Varianten der vorgeschlagenen Gerichte passt.

BLÜTEN UND BLÄSCHEN

Festlich und elegant, ganz so, wie der Rezeptname es vermuten lässt. Dies ist ein Getränk für die Stehparty, an dem man vornehm nippt.

1. In einem kleinen Krug oder Rührglas Apfelsaft, Kamille-Zitrus-Zucker-Sirup und Apfelessig mischen und umrühren.

2. In 2 Champagnergläser oder Cocktailschalen füllen. Mit Sekt auffüllen und vorsichtig umrühren.

Was dazu passt
komplexe Gerichte
fettes Essen

Beispiele für Gerichte:
Kanapees mit Fischrogen und Schmand
Kanapees mit Apfel-Schinken-Creme
Kanapees mit gebratenen Pfifferlingen und Ziegenfrischkäse

60 ml klarer Apfelsaft
40 ml Kamille-Zitrus-Zucker-Sirup (siehe S. 166)
2 TL Apfelessig
180 ml trockener alkoholfreier Sekt

SWANKY PINEAPPLE COCKTAIL

Prickelnde Ananas – einfach und immer lecker, pur oder zum Essen. Ananas-Shrub bringt Süße, Säure und Würzigkeit, und die Bläschen sorgen für Frische.

Die Zutaten auf 2 Weingläser mit Eiswürfeln verteilen und vorsichtig umrühren.

Was dazu passt
komplexe Gerichte
Gegrilltes

Beispiele für Gerichte:
vietnamesische Frühlingsrollen mit Nuec Cham (Dip)
gegrillter Lachs mit Hollandaise

60 ml Ananas-Shrub (siehe S. 169)
160 ml trockener alkoholfreier Sekt
120 ml Sodawasser

CHILLES MICHELADA

Zu mexikanischem Essen ist eine gut zubereitete Michelada das perfekte Getränk. Sie passt auch zu Gegrilltem an einem heißen Sommertag. Sollten Sie noch etwas vom Chilles-Virgin-Mary-Mix haben (siehe S. 168), können Sie Worcestersauce, Sojasauce und die scharfe Sauce durch 30 ml der Mischung ersetzen. Das macht die Michelada noch ein wenig würziger und süßer. Und kaufen Sie den besten Tomatensaft, den Sie finden können!

- **1 Limettenspalte, zum Befeuchten**
- **Tajine-Gewürzmischung oder Selleriesalz, zum Garnieren**
- **100 ml Tomatensaft**
- **40 ml Limettensaft**
- **20 ml Worcestersauce**
- **1 TL helle Sojasauce**
- **1–2 TL scharfe Sauce nach Geschmack, am besten Chilisauce oder Tabasco**
- **1 Flasche (33 cl) alkoholfreies helles Lagerbier**

1. Zunächst die Ränder von 2 Highball-Gläsern mit der Limettenspalte einreiben. Die Ränder dann in etwas Tajíne-Gewürzmischung oder Selleriesalz auf einem Teller drücken.

2. In einem kleinen Krug oder Rührglas alle Zutaten bis auf das Bier mischen und umrühren.

3. Die Mischung auf die Gläser verteilen und Eiswürfel dazugeben. Mit Bier aufgießen und vorsichtig umrühren.

WAS DAZU PASST
komplexe Gerichte
Gegrilltes
fettes Essen

Beispiele für Gerichte:
Hähnchen-Quesadillas
Tacos
Hamburger
Avocadotoast

BRAND

BITTER SWEET SPRITZ

Sie haben sich viel vorgenommen und kommen dann doch etwas in Zeitnot angesichts all dessen, was für das Dinner, zu dem Sie eingeladen haben, vorbereitet werden muss? Dann ist dies der richtige Aperitif für Sie. Ein schnell gemischter Appetitanreger vor dem großen Abendessen.

Die Zutaten auf 2 Champagnergläser verteilen und vorsichtig umrühren. Basilikumblätter leicht zwischen den Handflächen zerdrücken und in die Gläser geben.

Was dazu passt
fettes Essen
Käse

Beispiele für Gerichte:
Wurstwaren
Snacks wie Oliven und gesalzene Mandeln
Hartkäse (z. B. Manchego, Parmesan oder Gruyère)

80 ml Sanbittèr
200 ml alkoholfreier Rosésekt
12 Tropfen Angostura Bitter (nach Belieben)
2 frische Basilikumblätter, zum Garnieren

LAGERMONADE

Dies ist eine alkoholfreie Variante des Shandy, eines Biermixgetränks, das nicht nur in Großbritannien sehr beliebt ist. Wer es sich ganz einfach machen möchte, kann zu gleichen Teilen kohlensäurehaltige Limonade und ein alkoholfreies helles Lager mischen. Experimentieren Sie ruhig auch mit anderen Biersorten und kohlensäurehaltigen Getränken, zum Beispiel Ginger Ale.

60 ml Grapefruitsaft
30 ml Dillsirup (siehe S. 166)
60 ml Sodawasser
1 Flasche (33 cl) alkoholfreies helles Lagerbier

1. In einem kleinen Krug oder Rührglas Grapefruitsaft, Dillsirup und Sodawasser mischen.

2. In 2 Weingläser füllen, mit Lagerbier aufgießen und vorsichtig umrühren.

Was dazu passt
leichte, frische Küche
komplexe Gerichte

Beispiele für Gerichte:
Salat mit geräuchertem Lachs
Languste mit Dill
Hering mit Kartoffeln

Das können Sie ausserdem probieren
Für eine Variante, die auch gut zu Gegrilltem passt, können Sie 30 ml Zitronensaft und 20 ml Holundersirup in einem kleinen Krug oder Rührglas mischen. In 2 Weingläser füllen und mit hellem Lagerbier aufgießen. Besonders gut passt das Getränk zu gegrilltem Fisch.

GINGER SUMMIT

Zu diesem Getränk wurde ich bei einem Besuch in Cognac vor einigen Jahren inspiriert. Dort wurde mir ein Drink aus Cognac, Crème de Cassis, Limettensaft und Ginger Ale zu Enten-Confit serviert. Die Kombination war perfekt. Dieses Getränk schmeckt auch gut als Bowle.

120 ml alkoholfreier Riesling mit Grapefruit, Wacholder und Rosmarin (siehe S. 170)
20 ml Schwarzer Johannisbeersirup
20 ml Limettensaft
10 ml Ingwersaft
12 Tropfen Angostura Bitter (nach Belieben)
180 ml Ginger Ale
2 Minzzweigspitzen, zum Garnieren
2 Gurkenscheiben, zum Garnieren

1. In einem kleinen Krug oder Rührglas alle Zutaten bis auf das Ginger Ale mischen.

2. In 2 Tumbler mit Eiswürfeln schütten. Mit Ginger Ale aufgießen und vorsichtig umrühren. Mit Minzzweigspitzen und Gurkenscheiben garnieren.

Was dazu passt
Gegrilltes
fettes Essen

Beispiele für Gerichte:
gegrilltes Schweinefleisch mit gebratenem Gemüse
Enten-Confit

BROMBEER-SPRITZ

Ein erfrischender Spritz, der sich leicht variieren lässt. Ersetzen Sie das Sodawasser durch Ginger Ale, probieren Sie einen anderen Shrub aus oder andere Kräuter wie Minze und Basilikum. Zu einem sehr festlichen Getränk wird diese Art von Drink, wenn Sie ihn in einem Glas mit Eiswürfeln servieren, in denen Kräuter und/oder Früchte eingefroren wurden, siehe das Rezept auf Seite 171.

140 ml alkoholfreier Riesling mit Grapefruit, Wacholder und Rosmarin (siehe S. 170)
40 ml Brombeer-Shrub (siehe S. 169)
12 Tropfen Angostura Bitter (nach Belieben)
160 ml Sodawasser
2 Rosmarinzweige, zum Garnieren
2 Pink-Grapefruit-Scheiben, zum Garnieren

1. In einem kleinen Krug oder Rührglas alle Zutaten bis auf das Sodawasser mischen und umrühren.

2. In 2 Weingläser mit Eiswürfeln umfüllen. Mit Sodawasser aufgießen und vorsichtig umrühren. Mit Rosmarinzweigen und Pink-Grapefruit-Scheiben garnieren.

Was dazu passt
Leichte, frische Küche
komplexe Gerichte

Beispiele für Gerichte:
Pastasalat mit Prosciutto
Würstchen mit Sauerkraut

PAN-ASIA-TIKI-LIMONADE

Tiki-Drinks sind eine Getränkekategorie, die mit tropischen Aromen, Wärme und Freude assoziiert wird. Dies ist ein exotisches, erfrischendes Getränk, das gut mit aromatischem asiatischem Essen oder würzigen Grillgerichten harmoniert.

1. In einem Cocktailshaker oder Gefäß mit Deckel ohne Eis alle Zutaten bis auf das Sodawasser und den Apfelcider mischen.

2. 8 Sekunden lang kräftig schütteln, dann in 2 Highball-Gläser mit Eiswürfeln abseihen. Beide Gläser mit je 40 ml Sodawasser und 80 ml Apfelcider aufgießen und vorsichtig umrühren. Mit Estragonzweigen garnieren.

Was dazu passt
komplexe Gerichte
Gegrilltes

Beispiele für Gerichte:
Barbecue-Pork mit Reis und Pak Choi
Jerk Chicken

80 ml Ananassaft
10 ml Ingwersaft
20 ml Limettensaft
12 Tropfen Angostura Bitter (nach Belieben)
80 ml Sodawasser
160 ml alkoholfreier Apfelcider
2 Estragonzweige, zum Garnieren

MIMOSA MIT KONFITÜRE

Der Mimosa-Cocktail ist der perfekte Drink zum Brunch. Traditionell besteht er zu gleichen Teilen aus einem Zitrusfruchtsaft (meist Orange) und Champagner oder Sekt. Dies ist eine einfache, aber leckere Variante, die zu den gleichen Gelegenheiten passt wie ihr Vorbild.

120 ml Orangensaft
4 TL Aprikosenkonfitüre
16 Tropfen Angostura Bitter (nach Belieben)
160 ml trockener alkoholfreier Sekt

1. In einem kleinen Krug oder Rührglas alle Zutaten bis auf den Sekt mischen. Umrühren, bis sich die Konfitüre aufgelöst hat.

2. In 2 Champagnergläser oder Cocktailschalen abseihen. Mit Sekt aufgießen und vorsichtig umrühren.

Was dazu passt
Gegrilltes
fettes Essen
Käse

Beispiele für Gerichte:
Salat mit gegrilltem Hähnchen
Pizza
Hartkäse (z. B. Manchego oder Gruyère)

Das können Sie außerdem probieren
Experimentieren Sie ruhig mit verschiedenen Konfitüren, zum Beispiel Ananas-Mango- oder Birnenkonfitüre. Beide Varianten passen zur gleichen Art von Speisen wie oben angegeben.

INGWER UND BIER

Bei Eltern von Kleinkindern muss das Abendessen manchmal am besten schon in fünf Minuten auf dem Tisch stehen. In etwa genauso schnell geht die Zubereitung dieses Getränks. Ein Drink mit süßen, würzigen und bitteren Noten, der spannend zu trinken und leicht zu mischen ist. Wenn Sie das Ganze etwas säuerlicher mögen, geben Sie etwas frisch gepressten Limettensaft hinzu.

- **1 Flasche (33 cl) alkoholfreies aromatisches helles Bier**
- **1 Flasche (25 cl) Ginger Ale**
- **12 Tropfen Angostura Bitter (nach Belieben)**

Alle Zutaten auf 2 Biergläser verteilen und vorsichtig umrühren.

Was dazu passt

würzige, aromatische Gerichte
Gegrilltes
Desserts

Beispiele für Gerichte:
Jambalaya
Hamburger
Möhrenkuchen

Das können Sie ausserdem probieren

Ersetzen Sie 60 ml Ginger Ale durch 60 ml Apfelsaft, um ein etwas fülligeres Getränk zu erhalten, das zu ähnlichen Speisen passt. Wenn Sie das Getränk zu süß finden, können Sie die Süße ausbalancieren, indem Sie etwas frisch gepressten Limettensaft hinzufügen.

FRUITY HOPS

Dies ist ein einfaches Grundrezept für ein Fruchtbier, bei dem man Früchte und Biersorte variieren kann. Die Grundregel lautet: Je kräftiger die Biersorte, desto kräftiger sollte das Essen sein, zu dem man es genießen möchte. Bei den Hinweisen zum Thema Spiegeln, Ergänzen und Kontrastieren von Aromen (siehe S. 19-20) finden Sie Tipps, um den richtigen Shrub auszuwählen.

60 ml Himbeer-Shrub (siehe S. 168)
1 Flasche (33 cl) alkoholfreies aromatisches helles Bier

Himbeer-Shrub auf 2 kleine Biergläser verteilen. Mit Bier aufgießen und vorsichtig umrühren.

WAS DAZU PASST

Desserts
Käse

Beispiele für Gerichte:
Pfannkuchen mit Sahne und Himbeerkonfitüre
Crêpes mit frischen Beeren und Schokosauce
cremiger Käse (z. B. Brillat-Savarin)

DAS KÖNNEN SIE AUSSERDEM PROBIEREN

Nehmen Sie Ananas-Shrub statt Himbeer-Shrub für ein Getränk, das gut zu Gegrilltem wie Garnelen vom Grill sowie zu komplexen Gerichten wie Pad Thai und vietnamesischen Frühlingsrollen passen soll.

GRUNDREZEPTE

Im Folgenden finden Sie Grundrezepte für Zutaten, die Sie immer im Kühlschrank haben sollten. Damit diese möglichst lange halten, ist es wichtig, alle Flaschen und Gläser vor dem Einfüllen mit heißem Wasser zu sterilisieren. Spülen Sie die Flaschen erst gründlich aus und füllen Sie sie dann direkt vor dem Einsatz mit kochendem Wasser. Die Deckel legen Sie in ein Gefäß und die schütten ebenfalls kochendes Wasser darüber. Dann gießen Sie das heiße Wasser ab und füllen die Flaschen sofort mit dem jeweiligen Zuckersirup oder Shrub. Sofort verschließen, abkühlen lassen und Mischung dann im Kühlschrank aufbewahren. Ein Zuckersirup hält sich etwa zwei Wochen, ein Shrub sogar mehrere Monate.

Zuckersirup (ca. 300 ml)

Zuckersirup sollte man immer im Haus haben, er lässt sich ganz einfach zubereiten. Wenn ein Getränk zu säuerlich ist, können Sie es mit einem Schuss Zuckersirup leicht wieder ausbalancieren. Sie können den Zuckersirup auch aromatisieren, indem Sie Früchte, Gewürze oder Kräuter hinzufügen oder statt Wasser Saft verwenden.

200 ml kaltes Wasser
300 g Zucker

1. In einem Topf Wasser und Zucker aufkochen.

2. Den Herd ausschalten, sobald das Wasser anfängt zu kochen. Umrühren, bis sich der Zucker vollständig aufgelöst hat.

3. Sirup in eine saubere Flasche umfüllen und verschließen. Abkühlen lassen und im Kühlschrank aufbewahren. Der Sirup hält mindestens 2 Wochen.

Wacholdersirup (ca. 200 ml)

Ein aromatischer, würziger Zuckersirup, der nicht nur zu Limonaden passt, sondern sich auch für die Aromatisierung von Apfel-, Birnen- oder Zitronensaft eignet.

1 Handvoll getrocknete Wacholderbeeren
150 ml Wasser
180 g Zucker
4 Zweige frischer Rosmarin

1. Wacholderbeeren im Mörser zerstoßen. In einem Topf Wasser und Zucker aufkochen.

2. Die Hitze reduzieren, sobald das Wasser kocht, und Wacholderbeeren und Rosmarin hinzufügen.

3. Bei niedriger Hitze ca. 5 Minuten köcheln lassen und dabei umrühren. Den Topf vom Herd nehmen und den Zuckersirup zugedeckt abkühlen lassen.

4. In eine saubere Flasche abseihen, dabei aus den Wacholderbeeren so viel Flüssigkeit wie möglich herausdrücken. Flasche verschließen und im Kühlschrank aufbewahren, der Sirup hält sich mindestens 2 Wochen.

Lavendelsirup (ca. 300 ml)

Diesen aromatischen Zuckersirup mit Kräuternote habe ich in der Zeit als Barkeeper häufig verwendet. Er verbindet sich gut mit Zitrusfrüchten und dunklen Beeren.

200 ml Wasser
270 g Zucker
4 EL getrocknete Lavendelblüten
2 Rosmarinzweige
Schale von 1 Limette

1. In einem Topf Wasser und Zucker aufkochen.

2. Den Herd ausschalten und Lavendel, Rosmarin und Limettenschale hinzufügen. Umrühren und zugedeckt ca. 60 Minuten ziehen lassen.

3. Den Lavendelsirup in eine saubere Flasche abseihen, verschließen und im Kühlschrank aufbewahren, wo sich der Sirup mindestens 2 Wochen hält.

Zuckersirup mit geröstetem Kokos (ca. 300 ml)

In meinem Kühlschrank findet sich dieser Sirup eigentlich fast immer. Er passt zu Zitrusfrucht- und tropischen Säften sowie zu Wurzelgemüse. Wenn Sie Kokos mögen, können Sie damit viel experimentieren.

35 g Kokosflocken
250 ml Wasser
270 g Zucker
¼ TL Salz
1 dünne Scheibe Ingwer

1. In einem Topf ohne Fett die Kokosflocken bei starker Hitze rösten, bis sie goldbraun sind. Aber Achtung, dass sie nicht verbrennen.

2. Wasser, Zucker, Salz und Ingwer hinzufügen und umrühren. Die Temperatur erhöhen und das Ganze aufkochen lassen.

3. Wenn der Zuckersirup anfängt zu kochen, den Topf sofort vom Herd nehmen. Bei Zimmertemperatur abkühlen lassen.

4. Den Zuckersirup in ein sauberes Glas abseihen und verschließen. Über Nacht im Kühlschrank aufbewahren.

5. Am nächsten Tag das erkaltete Fett mit einem Löffel entfernen und die Flüssigkeit in eine saubere Flasche abseihen. Verschließen und im Kühlschrank aufbewahren. Der Sirup hält mindestens 2 Wochen.

Dillsirup (ca. 300 ml)

200 ml kaltes Wasser
270 g Zucker
40 g frischer Dill

1. In einem Topf Wasser und Zucker mischen und aufkochen lassen. Wenn das Wasser kocht, den Dill hinzufügen. Dann die Hitze reduzieren und rühren, bis der Zucker sich vollständig aufgelöst hat.

2. Topf vom Herd nehmen und Mischung zugedeckt bei Zimmertemperatur 12 Stunden ziehen lassen.

3. In eine saubere Flasche abseihen, verschließen und im Kühlschrank aufbewahren. Der Sirup hält sich mindestens 2 Wochen.

Kamille-Zitrus-Zucker-Sirup (ca. 350 ml)

250 ml kaltes Wasser
225 g Zucker
4 Beutel Kamillentee
60 ml Zitronensaft
40 ml Orangensaft
Schale von ½ Zitrone
Schale von ½ Orange
1 TL Honig

1. In einem Topf Wasser und Zucker mischen, dann die Teebeutel zugeben. Aufkochen lassen. Zitronen- und Orangensaft, Zitronen- und Orangenschale sowie Honig hinzufügen. Die Hitze reduzieren und umrühren, bis der Zucker sich aufgelöst hat.

2. Den Herd ausschalten und den Sirup bei Zimmertemperatur 6 Stunden ziehen lassen.

3. In eine saubere Flasche abseihen und dabei aus den Teebeuteln sämtliche Flüssigkeit herausdrücken. Flasche verschließen und im Kühlschrank aufbewahren. Der Sirup hält sich mindestens 2 Wochen.

Sesamsirup (ca. 300 ml)

70 g Sesam
200 ml kaltes Wasser
270 g Zucker
¼ TL Salz

1. In einem Topf ohne Fett den Sesam rösten, bis er goldbraun ist, aber nicht anbrennen lassen. Wasser, Zucker und Salz hinzufügen. Mischung umrühren und bei starker Hitze aufkochen lassen.

2. Topf vom Herd nehmen, sobald die Flüssigkeit zu kochen anfängt. Zugedeckt über Nacht ziehen lassen.

3. Sirup in eine saubere Flasche abseihen. Flasche verschließen und im Kühlschrank aufbewahren. Der Sirup hält sich mindestens 2 Wochen.

Kalt aufgebrühter Kaffee (ca. 250 ml)

Für dieses Kaffeegetränk lassen Sie grob gemahlenen Kaffee ca. 24 Stunden lang in kaltem Wasser ziehen, bevor Sie ihn abseihen. Es schmeckt pur, eignet sich aber auch zum Aromatisieren in Getränken. Der größte Unterschied zwischen kalt aufgebrühtem und normalem Kaffee, den man erst kocht und dann abkühlen lässt, ist, dass der kalt aufgebrühte weniger bitter und säuerlich wird, also einen etwas süßeren und reineren Geschmack erhält. Möchten Sie den kalt aufgebrühten Kaffee pur trinken, können Sie das Konzentrat entweder mit der gleichen Menge Wasser verdünnen oder es mit Eis oder etwas Milch trinken. Für etwas Süße fügen Sie Agavensirup dazu.

250 ml kaltes Wasser
30 g grobes Kaffeepulver, frisch gemahlen, am besten eine mittlere Röstung

1. Wasser und Kaffee in einer Kaffeepresse oder einem verschließbaren Gefäß mischen. Im Kühlschrank 20–24 Stunden ziehen lassen.

2. Mischung durch den Filter der Kanne und anschließend durch ein Seihtuch ein- bis zweimal abseihen, bis die Flüssigkeit keine Krümel mehr enthält.

3. In eine Flasche oder ein verschließbares Gefäß umfüllen und im Kühlschrank aufbewahren. Der Kaffee hält sich mindestens 1 Woche.

Rosmarinsodawasser (500 ml)

Mit diesem Rezept lässt sich sehr einfach aromatisiertes Sprudelwasser herstellen, das Getränken eine feine Note verleiht. Sie können gerne mit verschiedenen Kräutern und Gewürzen experimentieren.

6 Rosmarinzweige
500 ml kaltes Wasser

1. Rosmarinzweige mit dem Wasser in ein Gefäß geben. Gefäß verschließen und Mischung 4–6 Stunden im Kühlschrank ziehen lassen. Nach ein paar Stunden das Gefäß ein paar Mal schütteln.

2. Die Zweige herausnehmen und das Rosmarinwasser in eine kleine Wassersprudler-Flasche (500 ml) füllen. Das Wasser stark mit Kohlensäure versetzen, ruhig ein paar Sekunden länger als sonst. Rosmarinsodawasser am besten gleich verwenden, weil es mit der Zeit an Kohlensäure verliert.

Chilles-Virgin-Mary-Mix (ca. 100 ml)

Dieses Rezept habe ich entwickelt, als ich noch eine eigene Bar hatte. Da ich meistens allein gearbeitet habe, waren Tempo und Präzision sehr wichtig. Dass alle Getränke gleich schnell serviert werden und gleich schmecken, kriegt man am besten hin, wenn man Würzmischungen schon vorbereitet hat.

55 ml Worcestersauce
½ EL Tabasco original
½ TL Selleriesalz
½ TL frisch gemahlener schwarzer Pfeffer
10 ml Schwarzer Johannisbeersaft
10 ml flüssiger Honig
20 ml Orangensaft
½ EL fein geriebener Meerrettich

1. Alle Zutaten in einem Gefäß mit Deckel mischen und Gefäß dann verschließen.

2. 10 Sekunden lang schütteln. Im Kühlschrank mindestens 12 Stunden ziehen lassen.

3. Die Mischung in eine Flasche abseihen. Flasche verschließen und bis zu 2 Wochen im Kühlschrank aufbewahren.

Himbeer-Shrub (ca. 150 ml)

Die Zubereitung von Shrubs ist eine alte Konservierungsmethode aus der Kolonialzeit in Amerika. Das gleiche Rezept können Sie für andere Fruchtsorten verwenden und mit Kräutern und Gewürzen kombinieren.

50 g Himbeeren, frisch oder tiefgekühlt und aufgetaut
2 Lorbeerblätter, am besten frisch
100 ml Apfelessig
90 g Zucker

1. Himbeeren in ein luftdicht verschließbares Gefäß füllen und mit einer Gabel zerdrücken.

2. Lorbeerblätter hinzufügen und Apfelessig angießen. Gründlich vermengen, dabei die Beeren noch stärker zerdrücken.

3. Gefäß verschließen und Mischung 4 Tage im Kühlschrank ziehen lassen. Einmal täglich die Früchte weiter zerdrücken und das Ganze umrühren.

4. Die Mischung in einen Topf umfüllen und bei starker Hitze aufkochen lassen.

5. Vom Herd nehmen, sobald sie anfängt zu kochen. Zucker hinzufügen und umrühren, bis dieser sich aufgelöst hat. Wenn sich

Schaum bildet, diesen mit einem Löffel abnehmen. Die Lorbeerblätter entfernen. Den Shrub in eine saubere Flasche umfüllen und sofort verschließen. Abkühlen lassen und anschließend im Kühlschrank aufbewahren. Der Shrub hält sich mindestens 4 Wochen.

Brombeer-Shrub (ca. 150 ml)

50 g Brombeeren, frisch oder tiefgekühlt
1 TL geriebener frischer Ingwer
100 ml Apfelessig
80 g Zucker
20 ml Agavensirup

1. Brombeeren und Ingwer in ein luftdicht verschließbares Gefäß füllen, die Beeren mit einer Gabel zerdrücken.

2. Apfelessig angießen, das Ganze gründlich vermengen, dabei die Beeren noch stärker zerdrücken.

3. Gefäß verschließen und Mischung 4 Tage im Kühlschrank ziehen lassen. Einmal täglich die Früchte noch mehr zerdrücken und das Ganze umrühren.

4. Die Mischung in einen Topf umfüllen und bei starker Hitze aufkochen lassen.

5. Vom Herd nehmen sobald sie anfängt zu kochen. Zucker und Agavensirup hinzufügen und umrühren, bis sich der Zucker aufgelöst hat. Wenn sich Schaum bildet, diesen mit einem Löffel abnehmen. Den Shrub in eine saubere Flasche umfüllen und sofort verschließen. Abkühlen lassen und anschließend im Kühlschrank aufbewahren. Der Shrub hält sich mindestens 4 Wochen.

Ananas-Shrub (ca. 200 ml)

150 g reife Ananas
⅓ TL frisch gemahlener schwarzer Pfeffer
3 dünne Scheiben frischer Ingwer
2 Zweige frischer Estragon
100 ml Apfelessig
45 g Zucker
20 ml Agavensirup

1. Ananas in ein luftdicht verschließbares Gefäß geben und mit einer Gabel zerdrücken. Pfeffer, Ingwer und Estragon hinzufügen und alles gut vermischen.

2. Apfelessig angießen und die Mischung noch weiter zerdrücken oder mörsern.

3. Gefäß verschließen und Mischung 4–5 Tage im Kühlschrank ziehen lassen. Einmal täglich weiter zerdrücken und das Ganze umrühren. Die

Mischung hat lange genug gezogen, wenn sie ein fülliges Aroma von reifer Ananas abgibt.

4. Die Mischung in einen Topf umfüllen und bei starker Hitze aufkochen lassen.

5. Vom Herd nehmen, sobald sie anfängt zu kochen. Zucker und Agavensirup hinzufügen und umrühren, bis der Zucker sich aufgelöst hat. Wenn sich Schaum bildet, diesen mit einem Löffel abnehmen. Den Shrub in eine saubere Flasche umfüllen und sofort verschließen. Abkühlen lassen und anschließend im Kühlschrank aufbewahren. Der Shrub hält sich mindestens 4 Wochen.

Alkoholfreier Riesling mit Grapefruit, Wacholder und Rosmarin (750 ml)

Meine Intention hier war es, einen alkoholfreien Drink mit Aromen zu entwerfen, die an Gin erinnern.

1 Flasche (750 ml) alkoholfreier Riesling
20 getrocknete Wacholderbeeren
5 große Stücke Pink-Grapefruit-Schale
3 Rosmarinzweige

1. Wein in eine größere Flasche oder ein Gefäß umfüllen. Die Weinflasche aufheben.

2. Wacholderbeeren im Mörser zerstoßen und in die Flasche oder das Gefäß füllen, außerdem Pink-Grapefruit-Schalen und Rosmarinzweige hinzugeben. Gefäß verschließen und Mischung mindestens 12 Stunden im Kühlschrank ziehen lassen.

3. In die Weinflasche abseihen und Flasche verschließen. Im Kühlschrank aufbewahren. Der aromatisierte Wein hält sich mindestens 1 Woche.

Kombucha-Pilz (Scoby)

1 l Wasser
45 g Zucker
1 EL Tee
1 Flasche unpasteurisiertes Kombucha naturell

1. Ein großes Glasgefäß mit einer Öffnung von mindestens 10 cm Durchmesser zum Sterilisieren mit kochendem Wasser befüllen. Ein Messer, Sieb, Messbecher/-löffel, eine Schöpfkelle sowie einen Löffel spülen und dann ebenfalls mit kochendem Wasser übergießen, um etwaige Bakterien zu töten.

2. In einem Topf Wasser und Zucker aufkochen, sodass der Zucker sich auflöst.

3. Den Tee hinzufügen und das Ganze ca. 6 Minuten köcheln lassen. Dann den Tee in das Glasgefäß abseihen und die Flüssigkeit bei Zimmertemperatur abkühlen lassen.

4. Eine Flasche Kombucha naturell hinzufügen.

5. Den Glasbehälter mit einem Kaffeefilter und einem Küchengummi verschließen. Die Mischung an einem dunklen Ort bei Zimmertemperatur 3–4 Wochen stehen lassen, die optimale Temperatur beträgt 21–26 °C.

6. Nach 3–4 Wochen sollte Ihre Mischung einen ca. 1 cm dicken Kombucha-Pilz aufweisen. Der Kombucha-Pilz selbst schmeckt meist sehr konzentriert und ist nicht besonders lecker, aus ihm lässt sich aber ein köstliches Kombucha-Getränk herstellen. Wenn Sie das Kombucha-Getränk nicht gleich ansetzen möchten, lassen Sie den Pilz einfach in der Flüssigkeit liegen. Für die Zubereitung können Sie sich an das Grundrezept für Kombucha halten (siehe S. 114).

Tipps:

» Wenn der Pilz schimmelt, werfen Sie ihn mitsamt Ansatz weg.

» Hat der Pilz Löcher oder Beschädigungen auf der Oberfläche, ist das nicht weiter schlimm, die schließen sich von allein wieder.

» Je öfter Sie den Pilz verwenden, desto dunkler wird er.

» Braune Fäden am Pilz sind ganz normal.

» Die Farbe der Teesorte wirkt sich auf die Farbe des Pilzes aus.

» Der Kombucha-Pilz sollte säuerlich und leicht nach Essig riechen. Riecht er nicht gut, könnte das ein Anzeichen für Schimmel sein oder dafür, dass etwas schiefgegangen ist. Schütten Sie alles weg und fangen Sie von vorne an.

» Wenn sich der neue Kombucha-Pilz bildet, sieht er zunächst aus wie eine Haut, vielleicht sogar wie Schimmel. Das gehört so!

» Um das Risiko für Schimmelbildung zu reduzieren, können Sie am Anfang ein paar Tropfen Essig auf Ihren Ansatz geben.

Aromatisierte Eiswürfel

Wasser oder Getränken verleihen Sie eine ganz besondere und festliche Note, wenn Sie aromatisierte Eiswürfel verwenden. Sie können alle Arten von Kräutern, essbaren Blüten, Früchten und Beeren in den Eiswürfelformen einfrieren. Auch Säfte und Sirups eignen sich zum Aromatisieren – der Fantasie sind keine Grenzen gesetzt!

Früchte, Beeren oder Kräuter, die Sie verwenden möchten, in Eiswürfelformen legen, am besten in eine Silikonform, die 4–5 cm große Würfel ergibt. Mit Wasser aufgießen und einfrieren.

REGISTER

DANKSAGUNG

Zuweilen hat sich der Weg von der Idee bis zum fertigen Buch sehr weit angefühlt. Aber einsam war ich dabei nie. An alle, die ausgehalten und mich sogar unterstützt und inspiriert haben, richte ich meinen großen Dank!

An meine Frau *Elin*: Ohne dich hätte es kein Buch gegeben. Du hast mich inspiriert, mir Feedback gegeben, meine Texte redigiert und mich immer unterstützt. Du bist die Beste!

An *Thomas, Simon* und *Stefan*. Es war fantastisch, mit euch zu arbeiten – entspannt, lustig und professionell zugleich.

An *Bonnier Fakta* und *Martin*, weil ihr es mir ermöglicht habt, dieses Buch zu schreiben, und für all die Unterstützung, die ich dabei erhalten habe.

An meine Lieblingssommelière und gute Freundin *Jasmin*, die mich schon früh angespornt hat, mich bei der Kombination von Speisen und Getränken stetig zu verbessern, und die mir Feedback zu meinen Texten gegeben hat.

An *Jimmie*, der unglaublich gut im Erfinden von Namen für Drinks und beim Ausprobieren neuer Ideen ist.

An meine *Mutter*, die mich mit ihrer Art, Essen und Geschmäcke zu betrachten, inspiriert hat.

An meinen *Vater*, der der Grund dafür ist, dass ich hinter einer Bar gelandet bin.

An *Caroline, Per-Arne* und *Agnes* für ihre Hilfe mit den Kindern.

An meine Kinder *Sigrid* und *Olle*, weil es euch gibt.

An alle tapferen Seelen in der Bar- und Gastronomiebranche, die die Branche jeden Tag nach vorne bringen. Es ist das pure Vergnügen, von und mit euch zu lernen.

Und vielen Dank auch an Sie als Leser dieses Buches. Wenn Sie ein Rezept finden, das Sie mögen oder das Sie dazu inspiriert, ein eigenes Rezept zu kreieren, war es jede Stunde wert.

Bibliografische Information der Deutschen Nationalbibliothek
Die Deutsche Nationalbibliothek verzeichnet diese Publikation in der Deutschen Nationalbibliografie. Detaillierte bibliografische Daten sind im Internet über http://d-nb.de abrufbar.

Für Fragen und Anregungen
info@rivaverlag.de

1. Auflage 2019

Nymphenburger Straße 86
D-80636 München
Tel.: 089 651285-0
Fax: 089 652096

Die schwedische Originalausgabe erschien 2018 bei Bonnier Fakta unter dem Titel Alkoholfritt.

Redaktion: Caroline Kazianka
Umschlaggestaltung: Laura Osswald
Umschlagabbildung: Simon Bajada
Layout: Karl Stefan Andersson
Satz: Satzwerk Huber, Germering
Druck: Florjancic Tisk d.o.o., Slowenien
Printed in the EU

ISBN Print 978-3-7423-0795-8
ISBN E-Book (PDF) 978-3-7453-0412-1
ISBN E-Book (EPUB, Mobi) 978-3-7453-0413-8